掃除で人も会社も生まれ変わります

STEP 1 石坂産業株式会社

上／工場周辺の不法投棄が行われていた里山を再生。今は動植物1300種以上が生息する。
下左／敷地内に小川やアスレチックも。　下右／廃材を活用し、道具棚や簡単な道具を手作り。

STEP 2 南開工業株式会社

環境整備をスタートして30年。「自分たちで直そうキャンペーン」を実施して、駐車場のライン引きも自分たちで行う。

STEP 4 Chatwork株式会社

「働き方をアップデートする」オフィス。
上／カフェスペースは社員同士の交流の場。
下左／シアタールームは会議や勉強会に使用。
下右／紙も引き出しもないワークスペース。

STEP 3 株式会社アイワ工業

まるで売り場のように美しく整えられた工場の材料棚。
誤差3㎜以内に置けるように、定品、定位置、定量の表示を徹底して効率化を図っている。

上・下右／工場は汚れがひと目でわかるよう
床、壁、機械、排水溝まですべて真っ白。
下左／生産性と癒やしを重視したオフィスの
ベンチマーク先はアップルストア。

STEP 6 株式会社ピリカ

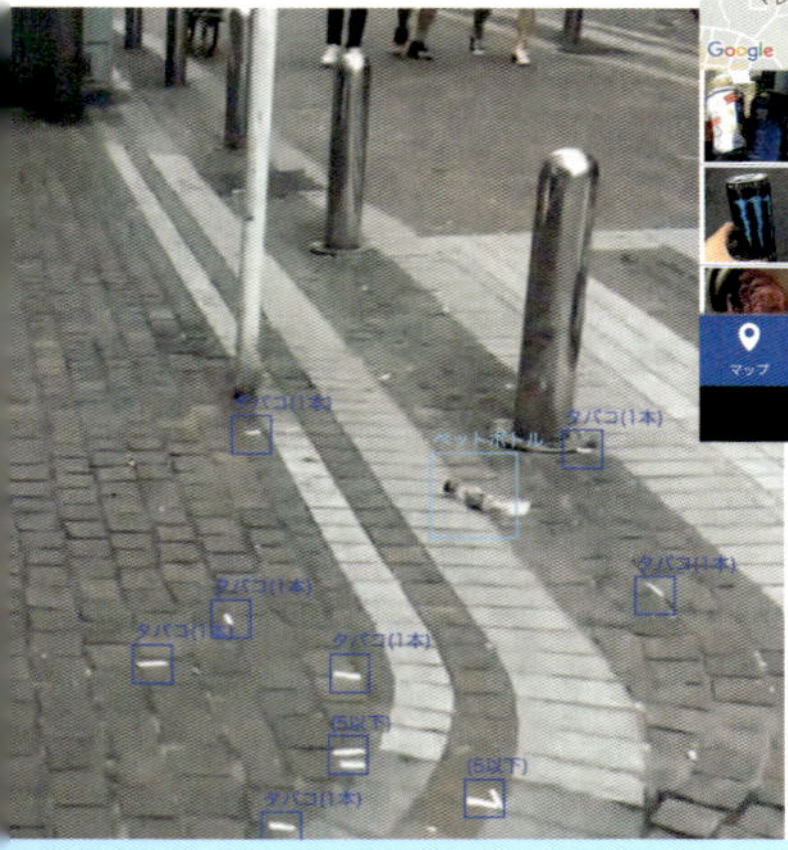

上／ごみ拾いアプリ「ピリカ」。拾ったゴミの写真を投稿すると、マップにキラキラアイコンがつく。
左／人工知能を用いた画像認識技術でゴミの種類、数量、分布などを計測できる「タカノメ」も開発。

STEP 7 九州木材工業株式会社

右／新入社員から社長まで、みんなで一緒にコミュニケーションを取りながら毎日床を磨き上げる。

下／すぐ取り掛かれるよう、掃除道具も常に整頓されている。

STEP 8 旭建設株式会社

上／感謝と改善提案を記入する「Good Jobカード」。周囲への「ありがとう」を探すと多くの気付きが得られる。左／環境整備への強い思いを伝える「本気ポスター」。

STEP 9 志賀塗装株式会社

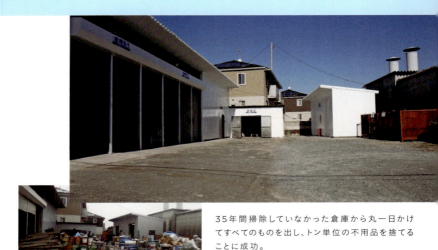

35年間掃除していなかった倉庫から丸一日かけてすべてのものを出し、トン単位の不用品を捨てることに成功。

エンターテインメントを理念に掲げ、楽しさを追求した掃除道を行う。業務終了後にスタッフ一同でハイタッチする「ハイタッチ選手権」も実施。

上・下右／自社の掃除はもちろん、地域や取引先のゴミ捨て場も率先して掃除。
下左／人間力を高める「活力朝礼」にも取り組む。

マンガでわかる

仕事の効率が上がる！ 会社の業績が上がる！

すごい掃除

今村暁

500社の業績をアップさせた
一般財団法人 日本そうじ協会 理事長

WANI BOOKS

はじめに

掃除道で仕事も人生も好転する

掃除をすれば、ビジネスも人生も好転します。あなたの夢が叶います。
掃除をするだけで、「誰もが」「今日から」変わっていくことができます。
そんなことあるわけがない、と思うでしょうか？

■逆境に立たされたところから掃除を徹底し、売上が25億から50億になった石坂産業
■持たない経営で社員満足度日本一になったＣｈａｔｗｏｒｋ
■97期連続黒字経営の九州木材工業
■トン単位のゴミを捨て、売上がＶ字回復した志賀塗装
■掃除道を導入してから経常利益が３０００万から1億にアップした名晃

これは、本書で紹介している会社の一部です。
このように、掃除を通して大きく変わっていった会社は、実際に多数あるのです。

全国で、人が育ち、業績が上がる事例が続出！

私はこれまで掃除道を通して、様々な人や会社が目標達成をするサポートをしてきました。

経営者、ビジネスマン、ＯＬ、アスリート、受験生、不登校児たちと、一緒に現場で汗と涙を流すこともありました。

会社は、社員数数万人の１兆円企業から、１人社長の零細企業まで。創業して１００年以上の会社も多数あれば、起業して間もない会社もありました。運輸、銀行、生保、損保、ＩＴ、小売店、サービス業、学校、幼稚園、メーカー……など、ありとあらゆる業種の現場改善に取り組んできました。

今、全国各地で掃除道に取り組んでいる人たちがいます。

地域は北海道から沖縄まで47都道府県。国内だけでなく、海外の中国、韓国、台湾、シンガポール、タイ、フィリピンでも掃除道は広がっています。

そして、毎日のように喜びの声が届いています。

「会社の生産性、効率性が上がった！」

「コスト削減が進み、強固な財務体質になった！」

「増収増益が毎年、継続中！」

「良い社員が採用できた！」

「社員が前向きになり、リーダーとして成長していっている！」

「会社の理念が末端まで浸透した！」

「会社の中で改善活動が進んでいる！」

「あたたかい社風になった！」

「心の中の平穏を手に入れることができた！」


どの人も、どの会社も最初から順調だったわけではありません。みんなが困難に直面していました。「あれをした方がいい」「こうしたらいい」などの正論やアドバイスはもうわかっています。でも、「わかっているけど、そう簡単にはできない」のが現実だったのです。

けれど、どんな問題を抱えていても、掃除を通して変わることができました。

今、時代は大きく変わろうとしています。

昭和や平成初期に比べ、経営も大変な環境になりつつあります。これまではうまくいった方法が、思うようにいかなくなるということもたくさん出てきています。

- 商品・サービス単価が下がり、コスト高になったため、利益が出ない
- 業界が縮小している
- 人手が足りないのに、採用もできない
- 社員がすぐに退職、転職してしまう
- 後継者が育てられない。技術の伝承ができない
- 以前の教育手法が通じない
- 利己的なスタッフが増えてきた
- 社員が会社のルール、マナーを守ってくれない
- トップダウンの指示では動かないが、自主的に行動するわけでもない人が増えた
- 残業が許されないご時世になった

など、人口が増えていた時代、生涯雇用が当たり前だった時代とは経営環境がそもそも変わってきているのです。

今の時代に合わせて変えるべきことを変え、変えるべきでないことは大切にすることが必要になってきます。

そんな今だからこそ、掃除道が大きな力になるはずです。

掃除はもっとも簡単で効果抜群のトレーニング

掃除道とは、「掃除を通して、良い環境作りと良い習慣作りをする」ことです。良い環境、良い習慣があるからこそ、ビジネスも人生もうまく回り始めます。会社なら業績が上がり、個人なら仕事で大きな成果を上げられ、前向きに取り組めるようになります。

そして、良い習慣を身に付けるために、掃除は一番手軽なトレーニング方法であることを多数、実証してきました。

掃除道は簡単です。手、足、口を使いながら、良い場作りをしていくだけです。お金もいらないし、高額な投資も設備も必要としません。今日から誰でもできます。そして、正しく行えば、誰1人例外なく効果が出ます。

掃除は地域、規模、業種、業歴に関係なく、すべての人に役立つ、もっとも簡単でお金のかからない、それでいて効果抜群のトレーニングなのです。

掃除道で行うのは、たったの4つだけです。

それは、「明確な目標設定」×「積極的な心構え」×「良い環境作り」×「良い習慣作り」です。

私は「天才とは、集中力のある人だ」「無駄なものを削ぎ落とし、集中できる環境を作ることで、個人も組織も能力を最大限発揮できるようになる」と考えています。

それは、掃除を通してこの4つを実現することで、得られます。

そして、掃除には5大効果があります。

「精神的効果」…心が軽くなる、思考がクリアになる、集中力がつく、ストレス減少
「肉体的効果」…疲労感が減る、作業中の危険が減る、体重が減る、熟睡できる
「経済的効果」…生産性や効率性が上がる、売上や利益が増える、経費が減る
「時間的効果」…探す時間が減る、残業が減る、大切なことに使える時間が増える
「対人的効果」…人が集まるようになる、顧客が増える、良い人材を採用できる

掃除を習慣にすることで、誰もがこの5つの効果を実感することでしょう。

今日からあなたの人生は変わります！

とはいえ、ただやみくもに掃除をするだけではうまくいきません。掃除をすれば、魔法がかかったかのように儲かり始めるものでもありません。掃除道にはちょっとしたコツがあります。

これまでに多くの企業をサポートし、掃除を通して改革をしてきたノウハウや効果的に掃除道を実践するためのコツを、本書ではみなさんに役立つようにわかりやすく掲載しています。

日本そうじ協会では、実践発表の場として1年に1回、掃除の全国大会「掃除大賞」を開催しています。そこには「掃除道で人が育ち、業績が上がった企業」が全国から集まります。そこで、様々な企業の発表を聞くことで、最先端のメソッドを学んだり、初心にかえって、さらにやる気を得ることができます。

そして、それぞれの会社にドラマがあります。十分に人数がいない。採用ができない。残業させるわけにはいかない。業界が縮小している。1人何役もできるスーパーマンのような社員がたくさんいるわけではない。そんな現実をしっかり受け止めながら、現実に改善をしていくドラマが掃除大賞には多数あります。

本書では、掃除大賞にも登壇し、実際に掃除を通して変わった11社のストーリーを紹介しました。どこも素晴らしい会社で、素晴らしい実績を上げています。いろんな職種、規模、抱えている課題が違う会社を選びましたので、きっとあなたの役に立つことでしょう。

また、実際に今すぐ取り組めるよう、具体的なメソッドを11STEPにまとめて実践編として紹介しています。

大きな問題に直面している会社も、なんだか毎日がうまくいかないもやもやを抱えている人も、順番に取り組むことで、大きな効果が期待できるはずです。

どんな人も、どんな会社も問題を抱えています。けれど、掃除を通して、その問題に立ち向かうことができるようになります。

そして、掃除道は人の心に火をつけ、あたたかい会社を作り出します。

誰でも、どんな会社でも必ずうまくいきます。

さあ、さっそく今日から掃除を始めて、会社とあなたの人生を変えてください！

STEP 1
明確な目標設定をしよう

STEP 3
規律を身に付けよう
守ることを決め、決めたら守る

株式会社アイワ工業（掃除大賞2019 文部科学大臣賞） 74

STEP 4
イノベーターになろう
まだ誰もやっていないことにチャレンジする！

プロローグ
は―――もうどうしたらいいんだろ…!!
私の実家は地方にある小さな水産加工会社
業績は…右肩下がり
海川水産
…あ もう こんな時間
もしもし お父ちゃん? 何か買って帰るものある?
うん 今 事務所出る

つい1年前まで東京の雑貨店の店長だった私が
いきなり地方の会社の経営改革なんて
難しすぎる…
だって何もかも東京とは違う
人口も少ないお金も少ない
なりゆきまかせで運良く好転することなんてないのに…
だから継ぎたくなかったのに…
ただいま～

おかえり 真凛《まりん》
今日の会社はどうだった
ん〜 まあまあ
なんだ まあまあって？
父が腰を痛めて入院したのをきっかけに戻ったんだけど…
いたたた…
頑固親父だから腰まで硬くなるんだよ
いただきま〜〜す
…ねえ あれ いい加減はがしてよ
約束は約束だろう
「30歳までに結婚してなかったら戻ってくる」
あのときはあのとき！ 今は今！

そう 若かりし頃に書いたこんな証文をタテにとられたのだ
誓約書
30歳までに結婚
帰ってきて実家を継
海川 真凛
父 海川才蔵
ちゃんと母ちゃんの署名もある
なぁ母ちゃん
……
父が心配になったのはウソじゃない
けど…
あのさ会社のことなんだけど…
お客様や従業員のためにもここが頑張りどきだぞ
借り入れの個人保証になっているからな
借金ごと誰かに押しつけるなんぞできまい

銀行からＭ＆Ａを匂わされたことがないわけじゃないけど
実際買い手がみつかるかどうか…
みつかってもその後の従業員さんが心配だし…
あ〜〜っこないだまで一社員だったのに経営なんて…!!
なぁ真凛
母ちゃんの会社だしなくしたくないんだわ
子供巻き込んで情けねえ婿だけど…もうちょっと頑張ろうや
……
私だってなんとかできるならしたいよ――
雑貨屋の売場作りなら得意なんだけどなぁ…

「掃除」でコスト削減！
導入500社以上の業績が急伸

最高益も続々。あらゆる業種で支持される今村式「掃除」改革とは？

汚い会社で良い会社はないんです一見片付いているようでも空気がよどんでいたり…
掃除によって職場環境が整備され従業員も前向きになります
重要なのは一時的なきれいさでなく掃除の習慣化・仕組み化です
これによって仕事でも改善の知恵出しが日常的にできるようになるのです
すなわち企業掃除とは業務の効率化と人材育成が同時にできるものです
掃除
いいことを言っている…気がする!!
よく見ると…うちの事務所ゴチャゴチャしてるし
工場も衛生面気を付けてるとはいえ生臭いし…
よくわかんないけど明日掃除してみてもいいかも
どうせ毎日同じでつまんないし…

それは素晴らしい！
せっかくですから先輩企業さんへお話を伺いに行ってみては？
よろしければご紹介します。

今村

STEP

1

感性から湧き出る
信念を掘り起こせ!

明確な目標設定をしよう

石坂産業株式会社
(掃除大賞2014 文部科学大臣賞)

会社で掃除を先導し、掃除大賞に登壇する経営者や社員の方たちは、有名、無名にかかわらず、志が高く、「まあいいや、これくらいでいいや」がありません。常に「これがいい」という一点に向かって妥協なく集中しています。全員がほとばしる情熱を持っています。そして、その当時は全国的には無名であった人たちも、日本中から脚光を浴びるように羽ばたいていきました。

自分自身の湧き出る感性、震えるような燃え立つ興奮、想いがあるかどうか。出会った人、身のまわりの人を熱狂させてしまう熱さがあるかどうか。成功するかどうかは信念をもって、明確な目標設定をできるかにかかっています。

STEP1でご紹介するのは石坂産業という産業廃棄物処理業者です。日本中からバッシングされ、逆境に立たされていた石坂産業は、たった1人、石坂典子社長の信念から奇跡の復活をしました。

ここでは、彼女らがどのように困難に立ち向かっていったのかを紹介します。

その…
あまりに
印象が違う
もので…
テーマパーク
みたい…
ですよね?
ううん
テーマパークでも
こんなにきれいなところ
滅多にないですよ

すみません 突然 おしかけて
石坂産業グループ
いえいえ 工場見学の お客様も よくいらっ しゃいます から
石坂産業 石坂社長
実は御社は 掃除で業績が 良くなったと 伺いまして…
どういう こと ですか？
リサイクル業 だから 掃除がお得意 ということ ですか…？
あはは そうでは なく…
今でこそリサイクルを 推進していますが… 昔はうちにも よくある産廃屋の 光景が広がってました
産廃屋…？
ふふ そう言うと あまりイメージが 良くないかしら
いえ…！ そうでは なく…

その…あまりに印象が違うもので…
テーマパークみたい…ですよね？
ううんテーマパークでもこんなにきれいなところ滅多にないですよ
そうです！それが「掃除」の力なんです
昔はね社屋もプレハブで荒くれ者がタバコを吸いながら仕事してたの
二日酔いのお酒が抜けてなかったり
壁には女性のヌードポスターが貼られていたり
社員も３ヶ月で辞めてしまったり

タ…タフな環境ですね…!!
ろくに挨拶もできない人たちばかりで…
…でもね私はそれはおかしいと思った…社会に必要な仕事をしているのに誇りがない
すさんだ環境で自分に誇りが持てる人はいないわ
でも絶対言っても聞かないですよね…?
そうね長いことたった1人で闘ったわ
それでも挨拶とそして掃除を徹底したの
それがすべての基本だと考えたから
不要物は捨てること使えるものであっても今後使わないのなら捨てなくてはならない
毎日毎日社屋の端まで不要物を処分してまわったわ
毎日ですか…

腕をつかんで言い合いになったこともあった
合わない社員は当然辞めていくんだけれど
でも手は緩めなかった
「産廃屋」を誇れる職業に…
誇りの持てる会社にしたかったの
誇りの持てる会社…
社風改革に手ごたえを感じ始めた頃起こったのがダイオキシン騒動
環境汚染に NO!!
当時はうちも焼却処分が中心だったものの法令を守ってダイオキシンは出していなかった…
それなのにマスコミの報道で地域の人の不安が爆発してしまったのね
「出ていけ」と連日罵声を浴びせられたわ

そんな…大事なお仕事だと思うんですけれど…
でも理解されない…考えたわ産廃処分もこのままではいけない
燃やせばそれで終わりだけど資源に生まれ変わらせられれば…
理解が得られるし環境のためにもなる
焼却炉をすべて取り壊してリサイクル事業に転身することにしたの
地域貢献にも力を入れた
社屋だけでなく不法投棄の里山を掃除してまわったり
事業をご理解いただくために見学態勢を整えたり……
……！
…駆け足でお話しされてますけど…
とんでもない投資と労力ですよね
そうねお金も時間もたくさんかけたわ

でも
やったかいは
あったわ
見学者がくる
ことによって
社員の気持ちに
ハリが出て
明るくなった
人も会社も
たくさんの人に
見られると
きれいになって
いくの
こうなると
好循環よ
見学者
社員
挨拶も掃除も
率先して
するように
なるし
何よりも他人を
喜ばせたいという
社風に変化して
いったの
「誇りの
持てる会社」に
なった結果
売上も25億から
50億になりました
……

続けるためには何より自分の感性から湧き出る目標を大事にすること
信念を貫くこと
リーダーが自分から始めること
まずは1日15分でもその積み重ねが10年経てば素晴らしい資産になっているわ！
今村さんへ
カタ
…石坂さんのお話を伺っていて私にはビジョンがないことに気付きました
会社をどうしたいのか…
カタカタ
なんか…

みんな
こんな
だったかな
歓迎会のときは
それなりに
盛り上がったと
思ったんだけど
……
…さて
今日は
切り上げる
かな
あっ
おつかれ
さまです
私も…
私は「笑顔」と
「安心」を届ける
会社にしたい…
海川水産
そのために
「従業員のみんなを
笑顔にすること」
そこから
なのかな…と
思いました
海川水産

掃除道のポイント

1 すべてに先んじるのは感性から湧き出る良い目標設定である

人は理性では動きません。どれだけたくさんの知識を得ても知識だけでは動きません。理動、知動という言葉はありません。あるのは感動です。**感じるから動く**のです。**感じさせるから動かすことができる**のです。湧き出る感性こそが自分も他人も動かします。理屈っぽい「こうあらねばならぬ」だけだと自分も他人も動きません。本当に自分の心からの衝動に気付くことができたら、半ば成功を手に入れたようなものです。

2 目標達成能力を磨くのではない。目標設定能力を磨け

どうやったら自分は目標を達成できるのか。どうやったら目標を達成させる組織になれるのか。そのように目標を達成させる方法を探している人が多くいます。でもそのような方々にお伝えしたいのは**「目標達成能力を磨くのではない。目標設定能力を**

磨くのだ」ということです。目標を達成するためにどうやって自分の弱い心を強くするのか、どうやってタイムマネジメントするのか、どうやって営業するのか、などを考える前に**「適切で明確な目標の設定方法」**を体得すべきなのです。

ほとんどの組織や個人は目標設定が曖昧で力を生み出しません。目標設定を学ぶと、溢れ出すような行動力が生まれます。今までの自分の常識を覆すような知恵や行動が湧き出るのです。**最初に必要なのが「明確な目標設定」なのです。**

3 環境整備はリーダーの信念を表す

環境整備は社長やリーダーの信念を表します。リーダーとは社長や環境整備チームのリーダーはもちろん、自分の人生のことであれば、自分自身がリーダーです。リーダーは「こんな会社を作りたい」「こんな社会を作りたい」「こんな人生を歩みたい」と思ったら、その思いが強ければ強いほど妥協をしません。

例えてみると、世界一のホテルを作りたかったら細部まで一流にこだわります。ボクシングの世界チャンピオンになりたいと思ったら、トレーナー、練習環境、食事環境、自室の休むベッド、すべてにこだわります。トップモデルとして活躍したかったら、やはりすべての環境を自分が美しくいられるためにこだわります。環境整備は「こうなりたい」という信念を表しているのです。**信念が強い人は「まあいいや、これでいいや」ではありません。「これがいい」の選択をし続けています。**

4 改革はたった1人から始まる

「私は孤独だ。私はやる気になっているのに、まわりが非協力的だ」「環境が悪い」と現状を嘆き、諦めかけている人がいるかもしれません。不満や文句がこぼれ落ちながら自己嫌悪に陥っている人もいるかもしれません。上司も、部下も、同僚も、お客様も、抵抗勢力に感じてしまうかもしれません。

でも、**改革はたった1人から始まります。**最初は、誰もが仲間が1人もいない孤独なスタートからです。1人の例外もありません。誰もがそうです。すべては自分の心構え、言葉、動作、表情から始まります。他人をコントロールしたり、他人の上手なマネジメントをすることよりも、**大切なのは自分のマネジメント**です。

周囲の人や環境のせいにせず、自分から1歩を踏み出すことが大切です。たった1人が本気になれば、会社は変わります。最初の1人の信念が未来を変えるのです。

5 リーダーは率先垂範《そっせんすいはん》しているか

「掃除をすれば会社が良くなる」「環境整備をすると儲かるというからやってみよう」とスタートする会社は多いものの、残念ながら多くの会社が企業文化となる前に挫折してしまうようです。挫折したり、行き詰まって数年経過してから、私たちを訪ねてくる経営者、リーダーが後を絶ちません。

私は「この会社は将来、繁栄するだろうな」「この会社は良い企業文化を作っていくだろうな」というのを見分ける特殊能力のようなものを持ち合わせています。実際に、掃除大賞を受賞した企業はその後も増収増益をし続けているのです。その見分け方の1つが**「リーダーが自ら実践し、率先垂範する人なのか」**なのです。

6 やってみせ、言って聞かせて、させてみせ、褒めてやらねば、人は動かじ

山本五十六《いそろく》氏の言葉で「やってみせ、言って聞かせて、させてみせ、褒めてやらねば、人は動かじ」という言葉があります。ここに大事なことが凝縮されています。

あなたは実際にやっていますか？　自分はやっていないのに人を口で動かそうとしていませんか？　あなたの机のまわりは散らかっていませんか？　あなたは言って聞かせましたか？　わかりやすく伝える努力をしていますか？　実際に目の前でさせてみましたか？　自分の行動や工夫や努力が足りないのに、「方針を発表したのにみんながやってくれない」とイライラして怒っていませんか？　不満に思っていませんか？　褒めることはありますか？

「自らやってみせること」「わかりやすく伝えること」「相手に実際にさせてみること」「褒めること」の4つをやり続けるリーダーのもとに改革を共にする仲間は集います。

7　リーダーとしての心構えを整えよう

心構えとは、心の構えです。スポーツや武道でも、構えは大切です。最初に習うものでもあります。構えが崩れていると、攻めも守りもできません。どんなことにでも対応できるように、しっかりと心の構えを作ることが最優先で必要になります。**自らの心の構えが積極的で崩れていなければ、たいていのことには対応できます。**

経営や仕事の中では、様々な問題が起こることでしょう。想定外のことが起き、悩むことがあるかもしれません。それでも、そういったことに個別対応する前に、**まずは自らの心の構えをしっかりと積極的に整えること**から始めましょう。心構えを積極的にしてから、問題解決に取り組むようにしましょう。心の構えが崩れているとき、ピンチは次々にピンチを引き寄せます。嫌なことは連鎖します。心の構えを強くすることができるようになれば、ネガティブなことを寄せ付けなくなるでしょう。

8 環境やまわりの人のせいにするのをやめる

今日から他人のせい、環境のせいにすることをやめましょう。地震や雷を自分自身でコントロールできないということはみんな知っているのに、ついつい経営環境やお客様、同僚のことはコントロールできると勘違いしてしまいます。

でも、今日から**「環境と他人はコントロールできない。できるのは自分自身。自分自身の心構え、言葉、動作、表情、姿勢をコントロールしよう」**と決意をしましょう。

他人が自分の期待していることと違う行動を取っているのなら、それは他人を責めるのではありません。その人への自分自身の関わり方を自問自答してみましょう。

あなたには本当に溢れる情熱がありますか？　心の中でその人を否定していません

か？　どうせ無理と思っていませんか？　絶対にやり切る覚悟がありますか？

動禅掃除道では「すべては自分が源」と考えています。「積極的な心構え」を持って、できると信じて取り組むことが大切です。**他人のせいにする他責をやめ、起こっていることは自分が源になっていると考え、自分で変えていく覚悟を決めましょう。**

9　自ら手、足、口を動かそう

動禅掃除道では、行動を大切にします。どんな悩みもどんな課題も、頭の中で悩むだけで解決することはありません。悩みも課題も、行動によってしか克服できないのです。では行動とはなんでしょうか。それは**「手、足、口が動いているか」**です。

手を動かして電話する。手を動かしてメールする。手を動かして掃除の見本を見せる。足を動かして現場に行く。足を動かして会いに行く。足を動かして激励に行く。口を動かして人を認める。口を動かしてお願いをする。口を動かして感謝する。口を動かして注意する。口を動かして激励する。言葉を使わずに想いを伝えようとしても、超能力者でもないのですから無理です。

手、足、口を動かした行動をし続けることによって、たった1人の改革が仲間を巻き込んだ改革になっていきます。行動もせず、冷静な計算だけでは、改革はできるはずがありません。**改革は熱狂の中から生まれます。**まずは自分自身が熱狂するから、改革になっていくのです。

10 天才とは集中力。天才が育つ組織にするには環境整備

私は自分自身が学習塾を経営し、過去に全国模試で日本一になった子供を8人育てた経験があります。スポーツでもたくさんのチャンピオンが育っていきました。自分は特に大した才能もなく、凡人ではありますが、「少林寺拳法の全国大会で準優勝」「サハラ砂漠マラソン250㎞を完走」「アタカマ砂漠マラソン250㎞で日本人初のMVP世界4位」という結果を残すことができました。

これは私が決して能力が高かったわけではありません。どちらかといえば能力は低い方です。それでもこういう結果を残すことができたのは、「集中する」ことを最優先にしてきたからです。今は**「目標に向けて集中する長期の集中力」と「目の前に集中する短期の集中力」の2つを磨いていくこと**が、自分の能力を最大限に活用し、夢を叶え、目標を達成させる秘訣だと確信しています。

1　やってみたいことを300個書き出してみよう

馬鹿げたことと感じるかもしれませんが、**「やってみたい」「行ってみたい」「欲しい」こんな「WANT」を300個書き出してみましょう。**きっと最初は20個から30個しか書き出せないことと思います。理性が感性の蓋を閉じてしまっているのです。でもある段階で急に理性の蓋が取れて、たくさん書き進められるようになります。

動禅経営では毎年、これを300個書き出し、自分の感性、すなわち自分自身と向き合います。感性には正しいとか正しくないとかはありません。それがその人そのものなのです。

そして自分の感性を感じたら、次に理性の力を使って**「自分の限られた時間の中でどれを優先する？」「どれが自分に向いている？」「どれが自分も家族も社会も喜ぶ？」「どれが実際に自分の能力を集中させればできそう？」**などと検討して目標にしていきます。

実はこれは、掃除道の基本である「最初に押入れの中に隠れているものを全部出す。全部を出したら使うものと使わないものに分けていく」という作業を自分の心に対して行っているのです。

2 目標を紙に書いて、頭の中を整理整頓しよう

自分がどうなりたいか**理想の状態を考え、紙に書きましょう。**

まずは自分自身の頭の中の整理整頓からです。自分の頭の中が整理整頓されていない状態では、自分はもちろん、他人も誰も巻き込むことができません。自分がわかっていないのですから、他人がわかるはずもありません。

自分が目標に向かって進むためにも、誰かを巻き込むためにも、自分自身の頭の中を明確にしておくことが必要です。**明確で具体的な目標が、自分の行動も他人の行動も加速させていきます。**不明確な目標は行動を遅滞させます。

紙に書くことにより、不明確さが消えて明確になり、信念に昇華していきます。

3 目標、スローガンを14字以内にまとめよう

頭の中の整理整頓をしたら、**目標は14字以内にまとめること**が肝要です。やる気に溢れていても、言葉が多すぎるリーダーの目標は他人には届きません。言葉が多すぎて、何に集中すべきかがぼやけてしまいます。思考も行動も散漫になってしまいます。実はテレビのテロップも14字以内におさめるように言われています。それ以上長いと視聴者の心に残らないからです。誰もがあれもこれも伝えたくなってしまいがちです。でもその伝えたいことを14字に絞り込み、削ぎ落としていくことで、言葉は深みと輝きを持っていきます。

目標は一点集中であるべきです。目標が散漫になっているより、一点集中である方が、達成する確率が増します。散弾銃よりライフル銃の方が貫通力があるのと一緒です。**短くシンプルにすればするほど、その実現の可能性は高くなっていく**のです。

4 明るい挨拶を始めよう

強い組織には、例外なく規律があります。規律といっても、「上の人間の指示が間違えていても、思考を止めて、言うことを聞かないといけない」というものではありません。強い組織では**「挨拶」「約束を守る」「時間、期日を守る」「報告、連絡、相談をする」「掃除をする」の5つの規律**がしっかりと守られています。

掃除道に取り組んでいる組織は、掃除と同時に挨拶の徹底に取り組みます。明るい挨拶をすることで、社内のコミュニケーションが活性化していきます。掃除道に取り組んでいる企業からは、よくこのような声が聞こえてきます。「1人でやると、つまらないし、できる気がしない。でも、みんなでやると楽しい。みんなでやるとできる気がする」と。

掃除と挨拶は、まったく違うことのようでいて、「良い場作り」ということでは同じように大切なことなのです。その第1歩として、**今日から職場、お客様に向けて気持ちの良い挨拶を始めましょう。**

STEP

2

環境は未来を表す

理念、ビジョンのもとに
環境作りをしよう

南開工業株式会社

（掃除大賞2017　文部科学大臣賞）

自分自身を取り巻く環境は自分自身の習慣を表しています。「先延ばし癖」「まあいいやと思う習慣」「いつも時間がない習慣」「いつも疲れている習慣」「めんどうくさいと感じる習慣」「人のせいにする習慣」「他人まかせにする習慣」「気分にムラがある習慣」など、自分の習慣が原因で散らかった環境や行き届いていない環境を作り出しています。対して「すぐやる習慣」「『これがいい』を選ぶ習慣」「タイムマネジメントができている習慣」「健康で元気な習慣」「自分が源と考える習慣」「いつも充実している習慣」が多い人はきれいで整った環境を作り出しています。

汚い環境は悪い習慣を表し、きれいな環境は良い習慣を表します。同時に、習慣は未来を創り出しますので、汚い環境は暗い未来を表し、きれいな環境は明るい未来を表しているのです。

ここでは、ありたい姿として理念やビジョンを掲げ、その理念のもとに環境作りをして業績を回復させた企業の紹介をしましょう。神奈川県南足柄市の南開工業では「環境整備は社訓のトレーニング」と位置付けて業績を回復させていきました。

「社訓に『約束は必ず守る』と
あるのだから
ものは定位置に戻そうよ」と
声をかけあったりします
なるほど…
ただ「会社がきれいで
気持ちがいい」という

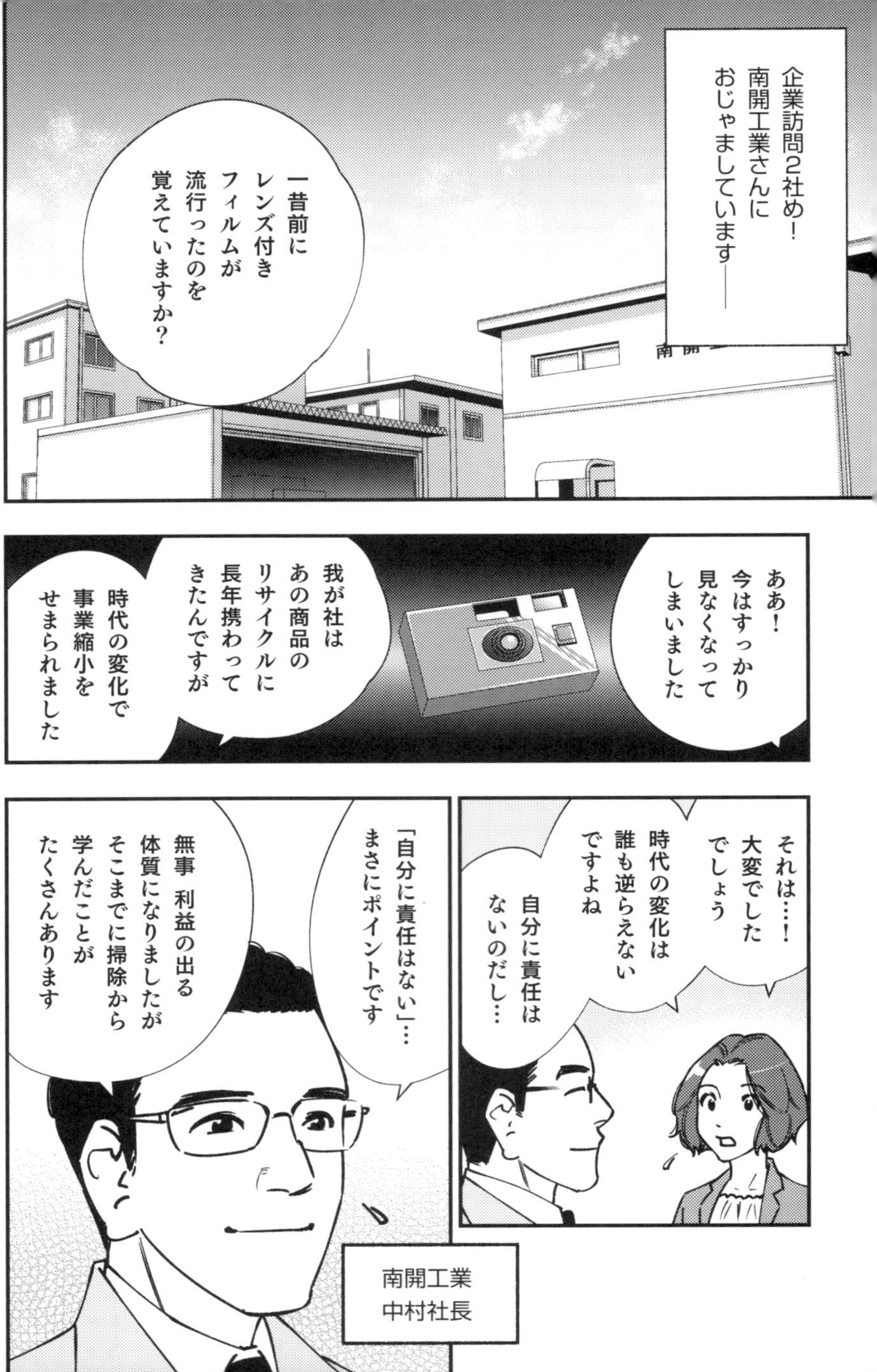
企業訪問2社め！南開工業さんにおじゃましています――
一昔前にレンズ付きフィルムが流行ったのを覚えていますか？
ああ！今はすっかり見なくなってしまいました
我が社はあの商品のリサイクルに長年携わってきたんですが
時代の変化で事業縮小をせまられました
それは…！大変でしたでしょう
時代の変化は誰も逆らえないですよね
自分に責任はないのだし…
「自分に責任はない」…まさにポイントです
無事 利益の出る体質になりましたがそこまでに掃除から学んだことがたくさんあります
南開工業
中村社長

実は掃除も先代社長の意向で30年以上前から取り組んではいたのですが
業績が右肩下がりになるにつれそうした取り組みもどこか形骸化してしまうものです
社員にも「やらされ感」が蔓延していました
「掃除をして何になるのか？」といった声もあがりましたし
外部コンサルには「そんな暇があったら営業すべき」などと言われました
あげくボヤまで起こして気が付いたのです
もう一度「掃除にこの会社の理念を反映させてみよう」と

経営品質とは人の質であり掃除が行き届いている会社にすることが人の質を高めると考えました
こうしたことは会社の基礎力となって表れてきます
あのとき掃除に取り組んでいなかったら今の会社の状況はもっと悪くなっていたでしょう
「社訓の実践トレーニング」として掃除を位置付けたのです
社訓の…？
社訓というのも何かとお題目になりがちですよね
ですが本来はお客様のため従業員のために考えられたものです
例えば「お客様から信頼される品質を提供する」という社訓があります
そんな会社が散らかっていたらどうでしょう？

たしかに…乱雑な会社は品質も信頼できるのかな?って気がしてしまいますね…
工場ですからただでさえ整理整頓は重要です
品質や生産性につながります
「社訓に『約束は必ず守る』とあるのだからものは定位置に戻そうよ」と声をかけあったりします
なるほど…ただ「会社がきれいで気持ちがいい」というだけではないんですね
工場のことを知ってるのは工場の人たちですから
清掃業者にまかせていても工具の整理整頓はできませんものね
そうです まず現場の意識が変わらないと生産性も上がらない…
時代の変化があるにせよできることがないわけではないはずです

掃除を定着させるのにはポイントがあり
業務時間内に掃除の時間をしっかりと定め全員参加で行うということです
掃除
業務時間
リーダーが率先しみんなで声をかけあって掃除を行うことで一体感も生まれます
一体感がでてくると自発的な提案もよく生まれます
うちでは例えば「自分たちで直そうキャンペーン」という提案が社員からありました
壊れたものを業者に頼むのではなく自分たちで修繕する運動です

なんだかリサイクル会社らしい考えですね
そうですね結果としてものを大切にする文化が醸成されました
このように社訓と掃除を結び付けて活動していったところ
新しい事業もまかせていただけるようになり業績も下げ止まってきました
また褒めるときも叱るときも理念に基づいた社訓で行います
理念
「それはお客様が喜ぶね」「約束を守る会社でありたいよね」など…
掃除は手段であり目的ではありません
どのような理念のもと掃除を行い何を実現するのか
ビジョンをしっかり描き伝えるのはリーダーの役割だと思います

…レンズ付きフィルムの衰退は避けようがないことでしたが
掃除でつちかった整理整頓や風通しの良い社風が
その後の新事業にも活きているのかなと思いました
以上 今日の企業訪問レポートでした！
海川水産
…というわけで
今日からうちでも毎朝15分間掃除をします！
ええ〜っ!?
忙しいのに…
だって思うんですけどこの様子…
お客様に信頼されると思いますか？
ここがスーパーだったらものを買おうと思わないじゃないですか
そう言われるとたしかに…

さあまずは いらないもの どんどん 捨てましょう
う〜ん… いざ掃除 し始めると 案外いらない ものが 出てくるわね
その 散らかってる机 お客様に 見せられる？
ほら すてて
う〜ん…
あんた 家でも そうなの？
お嫁さん こないわ よ！
もー 真凜さんが 余計なこと 始めるから ……!!
アハハ…
そうよね 社員のみんなも お客様のことを 本当は考えて いるはず…
この人たちが もっと喜んで 働けるように 頑張らなきゃ
海川水産

掃除道のポイント

1 環境は習慣の通信簿。環境は未来を表す

オフィス、工場、部屋の状態はそこで働く人、生活している人の日常の習慣を表しています。

良い習慣は良い未来を創り、悪い習慣は悪い未来を創ります。それはつまり、良い環境は良い未来を映し出し、悪い環境は悪い未来を映し出しているということでもあります。**自分の部屋、オフィス、工場は未来の予言書**なのです。

2 理念、ビジョンと一貫性のある環境作りをしよう

「従業員の物心ともに豊かになる会社を目指す」という理念は素晴らしいものです。でも、もしその会社のオフィスが乱雑で、従業員の心が落ち着かない不快な環境だったらどうでしょう？「我が社は社会に貢献する」と言っているのに地域を汚してい

たり、地域の人に迷惑をかけているような会社だったらどうでしょう？「我が社は適正な利益を追求する」と言っているのに、在庫管理がだらしなかったり、無駄な作業が多くて余計なコストがかかっていたりしたらどうでしょう？　理念、ビジョンの実現には程遠いと言えるでしょう。

私は会社を訪問すると、その会社が抱えている問題が手に取るようにわかります。**現場、現物がメッセージを語っている**のです。

理念、ビジョンと一貫性のある環境作りをしていくことが、掃除道の実践となるのです。

3　掃除は目的ではなく手段。掃除道は1日15分の理念トレーニング

掃除をすることを目的としてはいけません。掃除はあくまで手段です。

人生で目指すことはきれいな会社やきれいな部屋を作ることではありません。それが目的や目標である組織は、掃除会社やリフォーム業の一部の会社などだけでしょう。

一般的な会社や人にとっては、**きれいにするというのは目的のための手段でしかない**のです。

それぞれの会社や人生にはそれぞれの理念やビジョンがあります。それに見合うような環境を作らないと、夢も目標も叶えることができないのです。

あなたの会社、人生の理念やビジョンはなんですか？　自分の職場や部屋はそれを体現できていますか？

口に出している理念が言葉だけの上っ面のものだと、現場の実践も従業員の心も乖《かい》離《り》していってしまいます。そうすると理念を大切にした風土からは程遠くなっていきます。理念と行動が一致しているか、それとも理念と行動が一致していないかは現場を見ると一目瞭然です。

毎日15分の理念に基づく掃除を行うことで、自分や会社の大切にしている考えを実践するトレーニングになります。

4　叱るときは理念で叱れ。褒めるときは理念で褒めろ

もしかしたらあなたの周囲の人間で、思ったように行動してくれない人がいるかもしれません。そんなときは、「なんで掃除をしないんだ」と叱るのではなく、**1つ次元を上げて理念やビジョンで叱る**ようにしましょう。

例えば、「地域の人に愛される会社」という社訓であれば、「これをお客様が見て信頼してくれるかな？　信頼される整理整頓をしようよ」と声を掛けます。行き届いていない現場があったら「約束を守る会社でありたいよね」「地域の人に喜んでいただける会社になりたいね」と社訓から叱ったり、アドバイスをします。

たいていのことは**理念で叱ったり、アドバイスをおくると受け入れられる**ものです。

また、褒めるときも「お客様が喜ぶね」「これなら地域の人にも幸せな気持ちになっていただけるね」などと**理念で褒めるようにする**ことが大切です。

1　自分の理念とビジョンを書き出してみよう

自社の理念、自分の理念を書き出してみましょう。

会社の理念がすでに明文化されている場合にはそれを改めて書き、**「この理念を忠実に実行するのなら、このオフィスはどんな環境なのか」**を書き出してみましょう。

会社ではなく自分の問題として捉えたいのであれば**「自分は何を大切にして生きていきたいのか」**を書き出し、それを実践するためにはどんな環境を作り出さないといけないのかを書き出してみましょう。

2　手帳に理念とビジョンを書き写そう

いつも持ち歩く手帳に理念とビジョンを書き写すことで、決意を固めましょう。

毎日理念とビジョンを見返して再確認することで、思いを強くすることができますし、目指すところがブレることもなくなるでしょう。その結果、目標を実現できる確率も高まります。

3 業務時間内で掃除をする時間を明確に定めよう

全国のたくさんの会社を指導してきましたが、掃除道が定着する会社に共通の秘訣があります。それは **「業務時間内で行う」** ということです。

朝早くきてボランティアで行ったり、残業して掃除を行ったりするようでは定着しません。ましてや今の時代はブラック企業の隠れみのになりかねません。「いやいや、とてもではないけど掃除を業務時間にやる余裕はありません」という会社には明るい未来はありません。

掃除道を正しく全社一丸となって行うことで、かけた時間以上の成功と多幸感を味わえるようになることでしょう。そのためには業務時間内に時間を定めて行うということが必須なのです。

STEP

3

守ることを決め、
決めたら守る
規律を身に付けよう

株式会社アイワ工業

（掃除大賞２０１９　文部科学大臣賞）

環境整備は「整理」「整頓」から始まります。「整理」とは「不要なものを捨てる」ことで、整頓とは「すぐ使える状態に、必要な量だけ配置する」こと。「整理」「整頓」で無駄がなくなり効率が良くなると、残業時間が減り、在庫が減り、業績が上がっていきます。さらに、重要な仕事や勉強、プライベートなど、本当に大切なものに時間をあてられるようになります。

そして、ものを定められたルール通りに「整理」「整頓」する日々は「守ることを決め、決めたら守る」の繰り返しでもあり、規律のトレーニングになります。規律を身に付けることは、強い組織作りにつながっていきます。

アイワ工業は日本一の職人思いの会社です。榊原社長は職人たちの将来と会社の将来を守るために、断固とした決意で徹底した「整理」「整頓」に取り組みました。職人たちの危険の伴う作業のリスクを少しでも減らすために、厳しく、優しく、高い基準の環境整備をわずか1年で行っています。

それが何に
つながるかというと
現場の段取りです
現場の環境は
選べません
危険で汚くて
キツい作業を
安全に正確に
スピーディーに
なしと

すごい…！ホームセンターみたいですね!?
はい 弊社は工場で水やガス圧縮エアーの配管工事を行っています
日本一職人を大事にする会社を目指しています！
アイワ工業
榊原社長
工場の配管…というと住宅などのそれではないということですよね
そうですね 大規模ですし工場の稼働にかかわる重要な仕事です
売上は大企業2社に依存しており安定しているのはいいのですが…
それだけに変化を嫌う空気がありました
今はいい…しかし25年後に次世代に事業承継できるのだろうか？と考えたとき
このままではいけないと思ったんです
25年後…

配管工というのはとても危険な仕事です
重いパイプを担いで高所で作業しなくてはならなかったり
安全ベルトをしていても何が起こるかわかりません
そしてミスは許されない…作業箇所から漏れがあれば工場に数億円の被害を与えてしまうことすらあります
それなのに当初は悪い意味で職人気質だったというか
「背中を見て覚えろ」というような理不尽さがありました
掃除という環境整備を全員で行うことでもっと視野の広い集団にしたかったのです
手始めにまず2000万円分の使ってない工具や在庫を捨てていきました
2000万円！…失礼ながら御社には小さくない金額ですよね!?
うちもだけど
はい しかし「この半年で使っているかいないか？」ということを基準にして話し合いました

例えば〇〇という規格のものを持ってきてほしいと言ったときにみつからない
あるいは違う規格のものを間違って持ってきてしまう…小さなことがミスにつながりかねません
?
これを防ぐにはやはりものを減らして「整理」するしかないのです
整理ができたら整頓です 整頓とは「必要なものをすぐに取り出せる状態にすること」です
整理(減らす)
整頓(整える)
掃除道では「3定管理」としてこれを徹底します
3定管理?
どこに
どれだけ
何を
「定品」「定位置」「定量」の3つです どこに何をどれだけ置くのかを表示して守るのです
職人さんの反発はありませんでしたか?

それはもう…時間になったら現場が途中でも本社に戻って自社の整理整頓をするよう指示していましたから
現場が途中でもですか！
はい しかしやらなくてはいけなかったのです
「守ることを決め決めたら守る」を企業文化にしなければなりませんでした
決定
それが何につながるかというと現場の段取りです
現場の環境は選べません
危険で汚くてキツい作業を
安全に正確にスピーディーになしとげる必要があるのです
30分の高所作業を15分に減らせればそのぶん従業員の危険も減るんです
そのためには持ち物を選定し段取りを練る意識を全員で高めること…
その目標のためなら作業時間を多少削ることに迷いはありません

職人集団ですから座学でやるよりも身体で学んだほうが向いています
その意味でも掃除は最適でした
整理整頓を進めることで効率化がはかれるようになり
またその効果も身をもって実感することができます
「自分たちは変われるんだ」という経験で人は前向きになれますよね
効率化で空いた時間を資格勉強にあてられるようになりました
とても難しい試験なのですがなんと４名も合格することができました
掃除で得られる効率化は会社の儲けを増やすためだけではありません
何より社員のためになるんです

ばし
処分
おい真凜何やってるんだ!?
ん～ちょっといらないもの捨てようと思って
捨てるだ!? もったいないだろう!!
だってこの1年で使った?
いつか使うかもしれないだろ!
いつかっていつよ!?
いらないもの溜め込んだって埃かぶって狭くなるだけじゃん!
私はみんなにもっと広々としたきれいな職場で働いてもらいたいの!
～～～～!!

——という感じで着々と整理してます！
お片付けするぞー!!
EE CUP BLOG
新着エントリー PICK UP!
海川水産　掃除日記
…なんだこの田舎の親子ゲンカは…
水産会社が…掃除？
掃除して何がどうなるんだよ…バカばっかりだな
ねぇ午前に話した件どうなってんの？
あぁ…！えっと…
今ちょうど取り掛かるところで…
ヤ
…ちょっと机の上にもの多すぎない？
あっすみません…すぐ片付けます
いやそんなの後でいいけど

どんくせえ
どんくさい奴ばかりでイライラする
効率化をはかるためのシステム部署なんじゃないのかよ
転職活動は進めてるけど望む条件がすぐ決まるわけでもない
ギシ
掃除ね…
カタカタ
カタ
コメントを書く
たしかに掃除１つできない連中に効率を上げることはできないかもしれませんが、いわゆるホワイトカラーには通用しないのでは？
オフィスは業者が掃除してくれますし。
結局は個人の能力ですよね。
送信

1 掃除の4つの分野「整理」「整頓」「清掃」「清潔」

掃除には大きく分けて4つの分野があります。**「整理」「整頓」「清掃」「清潔」**です。その差を理解しないで四字熟語のようにして使ってしまいがちですが、実はそれぞれ意味合いが違います。「清掃」「清潔」に関しては後述することとし、このSTEPでは「整理」と「整頓」について詳述します。

2 「整理」とは何か

整理とは**「いるものといらないものを分け、いらないものを捨てること」**です。もっと短く言うと整理とは**「捨てること」**です。

掃除は捨てることから始まります。最初に整理をしっかり行わないと、後に整頓、清掃、清潔をしようと思っても高いレベルに進みません。ものを捨てるということは悪習を捨てることです。不要なのに買ってしまった。量を誤って多く買ってしまった。雑に扱うことによって壊れてしまった。賞味期限が切れてしまった。これらの悪い習慣があったからこそ、不要になるものが出てしまうのです。

掃除道に取り組むときに最初のこの整理を高いレベルで実施した会社や人はその後、大きく飛躍します。ものを捨てるときには痛みが伴います。でもここで**痛みとともに高い授業料を払った会社が「二度とこういうことはしない」と決意して、悪習を捨てることで、良い習慣作りが始まる**のです。ここで整理ができなくて悪い習慣を捨て切れなかった会社は、なかなか変わることができません。勇気を出して整理をすることが大切です。

3 「整頓」とは何か

整頓とは**「必要な量をすぐに使える状態に配置すること」**です。掃除の世界では**「片付ける」「収納する」**などの言葉が使われることもあります。

どうしても整頓とか片付けというと「見栄えをきれいにする」ことと勘違いしてしまっているかのような行動をする人が多いのですが、「すぐに使える状態に配置すること」が大切です。

よく使っていないものをキャビネットや押入れに押し込んでいる人がいますが、これは単なる隠蔽工作です。**使っていないものは手放すべき**です。使っているものをしまうのです。また、安いからといって大量にものを購入してしまう人がいますが、多くの在庫は実際に使う前に使い物にならなくなってしまいます。必要な量だけを購入し、配置するようにしましょう。

4 守ることを決め、決めたら守る

掃除道を本格的に導入した企業がなぜ繁栄していくのかの重要な要因の1つとして、**「規律のある組織になる」**ということがあります。

定められたルール通りに後片付けをする日々の繰り返しは、**「守ることを決め、決めたら守る」の繰り返し**なのです。

強い組織は例外なく規律がしっかりしています。規律がないのに強い組織を見たことがありません。ものを決められた場所に戻すということすら守れない組織では、経営理念、年度方針、月次方針を守る組織になれるはずもありません。

5 「整理」「整頓」をすると生産性、効率性が上がる

整理整頓を進めていくと仕事がしやすくなり、**生産性、効率性が上がっていきます。**後ほど詳述しますが、清掃清潔をすると質が上がっていきます。

整理整頓の効果はすぐに現れます。1週間、1ヶ月、3ヶ月、半年、1年でそれぞれの効果が現れることでしょう。

ただ、多くの場合、1年から3年で「自分たちはもうできている」と慢心してしまいます。掃除道に終わりはありません。ぜひとも継続して進化を目指し改善し続けてください。

1 捨てる基準を定めよう

動禅掃除道では**「今ここに集中する」**ということを目指しています。今ここに集中するために、過去と未来も捨てます。禅語でいう「前後際断《ぜんごさいだん》」です。ものを捨てようと思ったときにほとんどの人は「これは高かったな」「これは懐かしいな」「これは壊れていないからまだ使えるな」などと考えて、捨てることを躊躇《ちゅうちょ》してしまいます。でも、考えてみてほしいのです。もう長らく使っていないもので、今後も使う予定がないものは、いくら保管していても使わない限りは不要なものなのです。保管するための不動産代がかかってしまいます。ものを所有するだけで実は地代がかかっているのです。

掃除道では**「この1年で使ったか」を捨てる判断の基準にする**ことをおすすめしています。この1年で使っていなくて次の1年で使う予定がないものは、ほぼ使うことがないでしょう。なぜなら、本当に必要なもの、お気に入りのものや便利なものは2

年も使わないことはないからです。

掃除道でレベルの高い実践をしている会社ではもっと基準を高くして、「1ヶ月使っていないものは捨てる」を実施し、急成長している会社もあります。

2 「赤札作戦」をしよう

整理をするときのコツは2段階に分けることです。

「捨てられるものはどれかな」と考えて整理をしようとしても、なかなか捨てることができないものです。

そこで、第1のSTEPとして、あまり深く考えずに**「この1年間で使っていなかったものに、赤い付箋を貼っていく」**ということをしてみてください。

そのときには、「好きか、嫌いか」「高かったか、安かったか」「懐かしいか、懐かしくないか」「壊れているか、壊れていないか」「まだ使えるか、使えないか」などは考えないでください。1年間使っていなかったものに機械的に付箋を貼っていきます。

そして、付箋が貼られたものを全部集めます。すると1年間使っていなかったものをどかすと部屋が広くなるのを感じることでしょう。

次に、第2のSTEPで**「次の1年で使うか」「移動して保管するのか」「捨てるのか」「売るのか」「他人に譲るのか」**などを検討してください。

この2段階に分けることで、整理がスムーズに進むようになるはずです。

3　3定管理をしよう

整理整頓のコツはすべてのものを3定管理することです。

3定管理とは**「定品」「定位置」「定量」**を決めることです。**「何を」「どこに」「どれだけ置くか」**を定めて、記載しましょう。すべてのものの住所を決めるのです。

想像してみてください。住所の決まっていない住所不定者が多い街は、治安が良いと思いますか？　夜になっても家に帰らない人が多い街に、住みたいと思いますか？

ものを使ったら、しっかりと定められた場所に帰っていくようなオフィス、工場、部屋を作り上げてください。そのように環境を整えることで、落ち着いた良い空間になっていきます。

4 10秒で取り出せるようにしよう

整頓の1つの目安は**「机まわりのものを10秒で取り出せる」**ようにすることです。
机まわり以外のものも、30秒以内に取り出せるようにすることを目指して、**「みつけやすく」「取り出しやすく」「使いやすく」「後片付けしやすい」**という4つの観点から整頓をしましょう。

このSTEPの実践はどれも、まずは1つの引き出しだけでも構いません。さっそく行動にうつしてみましょう。

STEP

4

まだ誰もやっていないことにチャレンジする！

イノベーターになろう

Chatwork株式会社
（掃除大賞2014　イノベーション賞）

業界の慣習や常識を破り、革新を巻き起こす。右にならえではなく、誰もやっていないことにチャレンジする。そんなことは自分にはできないと感じるかもしれません。けれど、すべてはリーダーの心構えと、それを支える仲間と仕組み次第で実現可能です。

掃除大賞で受賞する企業の業界は多種多様です。産業廃棄物処理業、地方の中小工場、農業、建設業、ＩＴ産業、サービス業、食品加工業、航空業……様々な業界がともに実践し、その実践を発表しています。そして掃除道の実践レベルが高い企業は、不思議なくらい業界内のイノベーターとなっていくことが多いのです。

「整理」「整頓」「清掃」「清潔」を実践することによって、「重要なことに集中する」という意識が高まります。このＳＴＥＰでは「持たない経営」を実践しているＣｈａｔｗｏｒｋをご紹介します。生産性、効率性の高い組織を作り上げ、イノベーターとなりうるために何をしていくべきかを考えていきましょう。

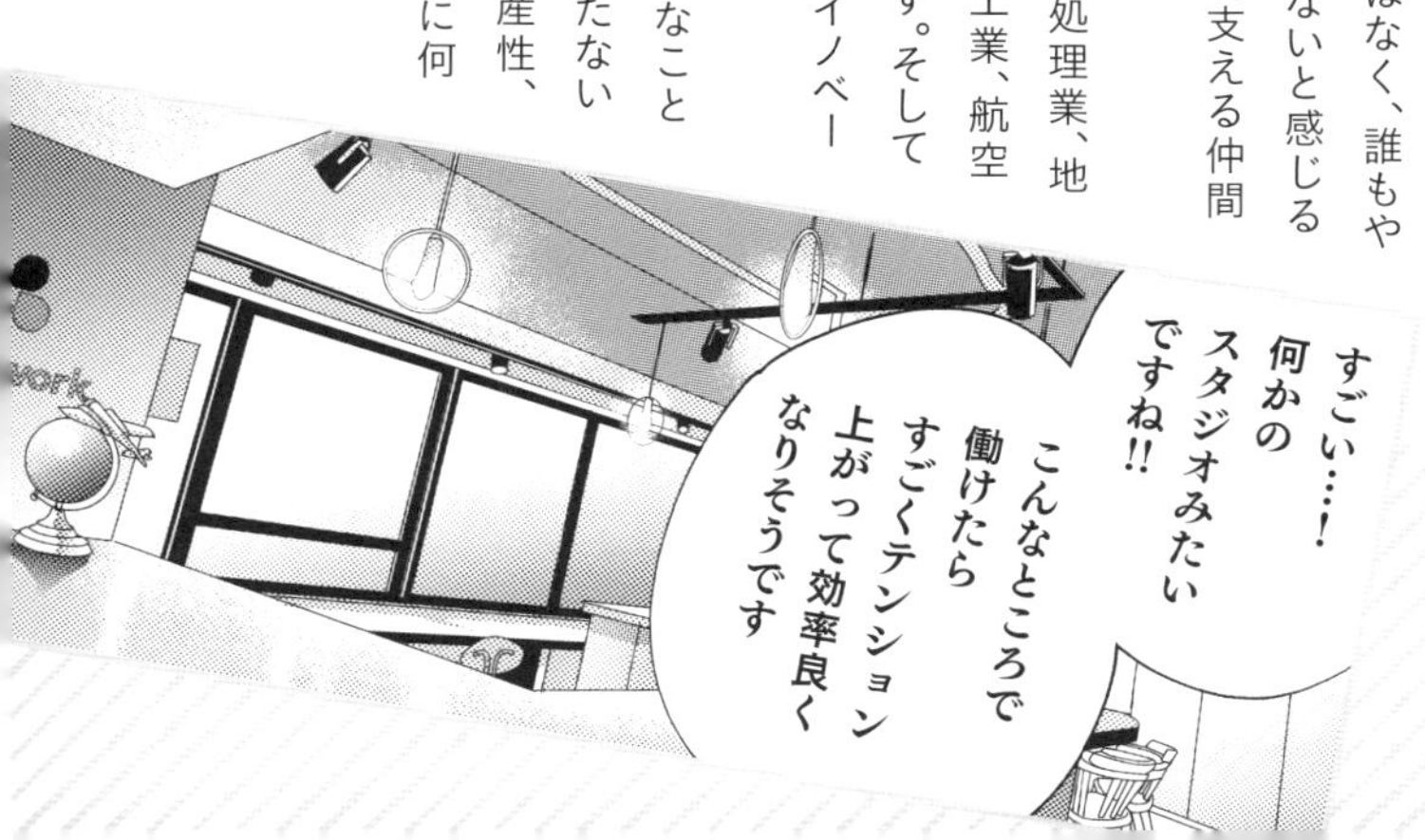
すごい…！ 何かのスタジオみたいですね!!
こんなところで働けたらすごくテンション上がって効率良くなりそうです

コメント一覧
たしかに掃除１つできない連中に効率を上げることはできないかもしれませんが、いわゆるホワイトカラーには通用しないのでは？
オフィスは業者が掃除してくれますし。
結局は個人の能力ですよね。
shibuya0
なっ…!!
やな奴～!!
いっ今村さん こんなこと 書かれたん ですけど！
ひとが がんばってる のに!!
チワる!!
ヤワヤワ
ピロリン
新着メール
コメント 拝見 しました（笑）
たしかにオフィスワークの 事例もみなさんに ご紹介したいところですね！
先回りされた…
さすが 今村さん
えーっと次は…
弊社は社名と同じ「Chatwork」という ビジネスＩＴツールを 提供しています

グループチャットやビデオ通話
タスク管理ファイル共有などですね
煩雑になりがちなビジネスでのコミュニケーションをITでサポートしようという事業です
…っというか…
すごい…！何かのスタジオみたいですね!!
こんなところで働けたらすごくテンション上がって効率良くなりそうです
Chatwork
でもうちは手仕事が多いからな～…
効率といっても物理的に限界が…
いえいえうちも非効率でつぎつぎ社員が辞めていった頃があったんです
以前は会社の売上を増やすことが社員の幸せだと思っていました
Chatwork
山本代表取締役CEO兼CTO

残業も多くて社員の働きやすさなんて考えていなかったんです
ＩＴ企業なのにものも多くて…
今では弊社は社員満足度を第一に
「掃除をしなくてもよい仕組み作り」に取り組んでいます
まず推し進めたのはペーパーレス化です
他にも文房具など…デスクに引き出しがいらない状態を作りました
必要なデータはすべてクラウドに置くことで逆にいつでもどこでもアクセスできます
弊社には３つの心掛けがあります
1. 探さない
2. 繰り返さない
3. 移動しない

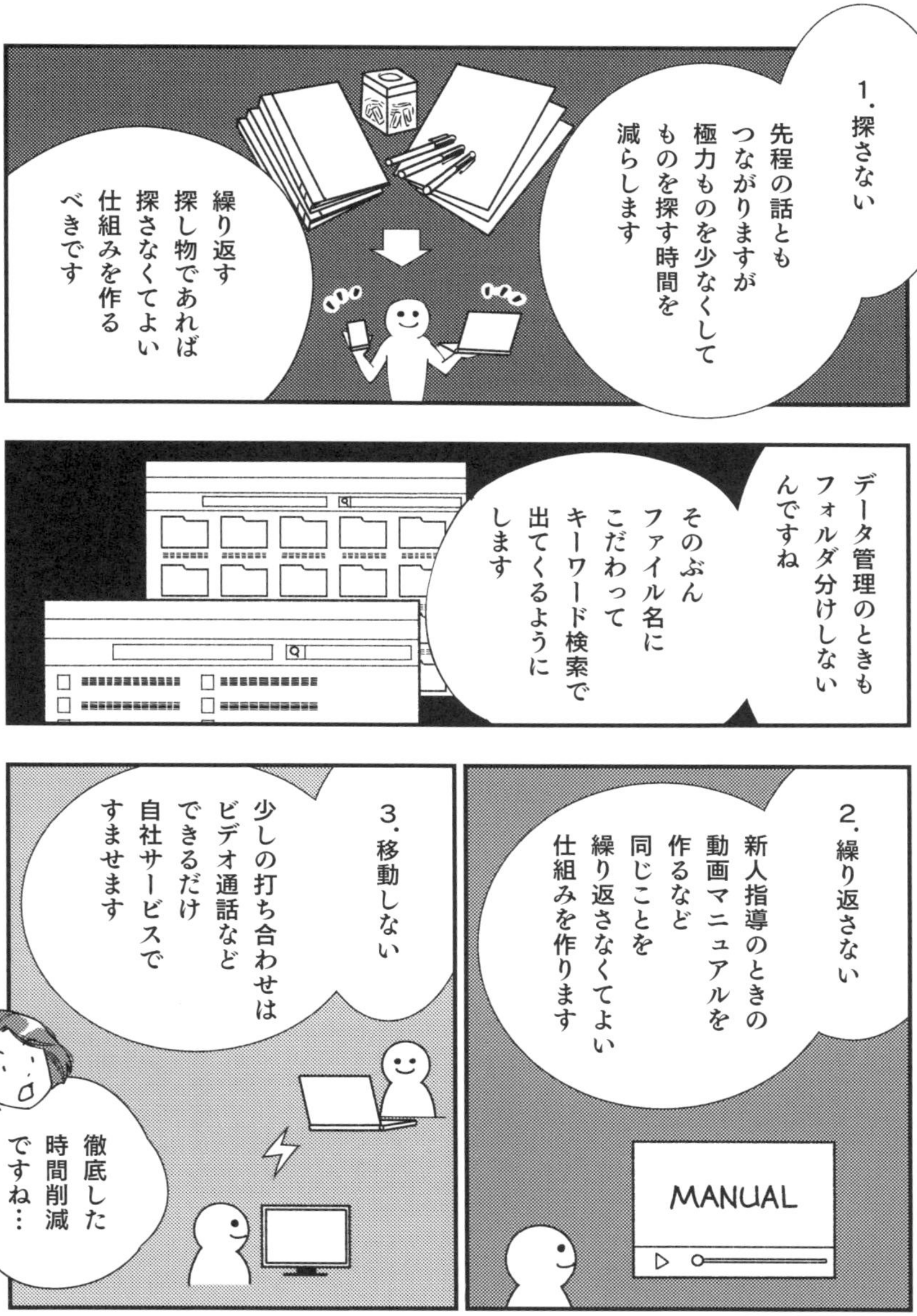
1. 探さない
先程の話とも
つながりますが
極力ものを少なくして
ものを探す時間を
減らします
繰り返す
探し物であれば
探さなくてよい
仕組みを作る
べきです
データ管理のときも
フォルダ分けしない
んですね
そのぶん
ファイル名に
こだわって
キーワード検索で
出てくるように
します
2. 繰り返さない
新人指導のときの
動画マニュアルを
作るなど
同じことを
繰り返さなくてよい
仕組みを作ります
MANUAL
3. 移動しない
少しの打ち合わせは
ビデオ通話など
できるだけ
自社サービスで
すませます
徹底した
時間削減
ですね…

こうしたことで「持たない経営」…体脂肪率3％の経営を目指しています
う…う〜ん…すごく理想的なんですが
ヘタにストイックを追求すると殺伐とした職場になりませんかね…
誰も口きかないみたいな…
そこでさらに環境作りなんですが
例えば仕事する場所や応接スペースなど場所によって適切な音楽を流したりします
あぁそういえば
CO2
また空気環境にもこだわっています
二酸化炭素計をおいて濃度が濃くなったら換気します
エアコンの風も直接当たらないように工夫しています

デスクのレイアウトもひと工夫して軽いミーティングならすぐできるように
明るい窓際に誰もが使えるフリーアドレスのワークスペースを確保したり
ソファ席なども用意しています
そっか～殺風景なのと集中できるのとは違いますもんね
そうした潤い要素をたもちつつ
モニターの数やパソコン性能など…集中を阻害する要素はなくしていけますよね
弊社はそうした整理整頓そして清掃を通して
事業もブラッシュアップしました
Chatwork
実は「Chatwork」以外の事業もそれぞれ売上があったのですが捨てました
「Chatwork」に経営資源を集中したのです

結果
95人の社員で
いまや世界の
業務改善の
お手伝いが
できています
年間で
10連休を3回
取れるように
するなど
社員満足度
日本一にも
なりました
これからも
どんどん働き方を
アップデートして
いく企業で
ありたいですね
うちは
ペーパーレスに
着手すら
しておらず…
さっそく
クラウド型
システムを
導入予定です
これで納品書が
みつからない…
ということは
なくなるはず!
以上 4回目の
企業訪問レポート
でした☆
またあの
田舎会社
今どき全部
紙で業務
やってん
のか…?
そっちの方が
想像つかない
んだが
とはいえ…

今回はなかなか参考になりました。
今どきすべて紙で業務をこなしているとは化石のように貴重な存在ですが、
ペーパーレス化は実のところ多くの企業が中途半端かもしれませんね。

shibuya01

掃除道のポイント

1 「探さない」「繰り返さない」「移動しない」

効率的に生産性高く働こうと考えたら、次の三原則を念頭に整理整頓したり、仕組みを作ることが必要です。それは、**「探さない」「繰り返さない」「移動しない」**です。

人は1日に平均30分、ものを探していると言われています。1ヶ月22日勤務していたら11時間が探している時間です。ものではなくデータを探していることもあるかもしれません。同じことを毎日何度も繰り返しているかもしれません。

繰り返していることがあるなら、自分の能力や時間を費やさないでできる方法を考えてみましょう。毎日忙しく働いていているつもりでも、移動時間がかなりのウェイトを占めていることもあります。

これらのことをしないで済むように働き方改革をし、仕組みを作っていくと、**本当に大切なことに自分の能力と時間を集中できる**ようになっていきます。その結果、**他者に圧倒的な差をつけるイノベーターとなることが可能になる**のです。

2 1歩＝1円、1秒＝1・6円、1分＝100円

改善も目標設定が大切です。「改善提案を1ヶ月に1つ」などと改善件数を目標にしているところもあれば、金額計算をして目標設定しているところもあります。私がおすすめするのは**「1歩＝1円、1秒＝1・6円、1分＝100円」**というスローガンです。

人は自分自身の給料にしか目がいかないものですが、実は人が働くと給与以外にも水道光熱費、家賃、間接部門の人件費など様々なコストがかかり、その人の生産性が上がり、働く時間が短くなるとそれだけコストも下がります。何か作業をするときに10秒時短できれば16円のコスト削減です。その作業を1日に10回、社員30人がやっていたら、1日で4800円のコスト削減です。1年で250日働くとすると、年間で120万円になります。たった10秒の改善がこんな大きな金額になるのです。

もっとも、決算書でこの数字がはっきりと表れるかというとそうではないかもしれません。しかし、このように**数値化していくと社員も楽しくなって、積極的に改善活動に取り組み始めます。**

3 「清掃」とは何か

清掃とは**「良い空気環境を作ること」**です。**はたき、掃除機などを使って埃を取ったり窓を開けて換気することで良い空気環境は作れます。**整理、整頓、清潔に比べると清掃は見落とされがちなのですが、私が1000軒以上の汚部屋掃除をしたり、日本全国の企業をお手伝いする中で実感した「もっとも大切なこと」が実は清掃です。

良い空気環境も細かくみると、温度、湿度、気流、気体の構成比、匂い、カビ、ダニなどたくさんの要素を改善せねばなりません。例えば、二酸化炭素が室内に増加してくると、疲れやすくなったり眠くなったりします。二酸化炭素濃度計を置くと、人が集まると部屋にはあっという間に二酸化炭素が増えていくのを視覚化できます。

ある会社では打ち込みをする部署で生産性を上げるために「室内の二酸化炭素濃度が1000ppmを超えたら窓を開けて換気しましょう」と指導したところ、生産性が10%上がったという例もありました。換気することで無気力だった人が活力を取り戻した事例は数多くあります。換気は簡単です。**ぜひ今すぐ窓を開けてみてください。**

4 整理整頓は「もの↓時間↓人↓事業」へと進化していく

掃除道の整理整頓には4つのステージがあります。最初に**ものの整理整頓**をすると、仕事がしやすくなり、生産性が上がります。同じことをするにも時短が進み、次は**時間の整理整頓**が始まります。次は「この仕事にたくさんの人は必要ないのではないか」と考えるようになり、必要な部署へと**人の配置換え**が進みます。さらに進化すると、人、資金などの経営資源を集中させたい**事業部門へと整理整頓**が進んでいきます。

掃除大賞2014で業務改革賞を受賞した山口県の西京銀行は、現在の平岡頭取が頭取に就任したときには平均退社時間が20時過ぎでした。平岡頭取は抜群のリーダーシップで銀行業界の常識に挑戦し、無駄取りを進めました。書類は徹底的にIT化し、ものも作業の無駄も減らしていきました。22時まで残業することもあった支店では平均退社時間が18時30分を切るようになり、今でも毎年残業時間が減っていっています。さらに営業店舗では書類が減り、金庫レスの支店までできました。他の銀行と比べて決済までの時間も短縮し、その結果、住宅ローン貸付残高の増加率、預金取扱手数料の増加率、預金残高の増加率が全国の地銀106行中、全国1位となったのです。

1 やらないことを決める。捨てることを決める

STEP1で「やりたいこと」を300個書き出す実践をしてみました。ここでは**「やりたくないこと」を書き出してみましょう。**「扱いたくない商品・サービス」「付き合いたくない顧客」「こんな社風にしたくない」「こんな人間関係は嫌だ」「こんな時間の使い方は嫌」……など、具体的にたくさん書き出してみるのです。

そして**それを捨てると決めましょう。**すると、残った中から「どのようにして自分や組織の夢を叶えるか」という知恵が出てきます。「やりたいこと」「やりたくないこと」それぞれを明確にするからこそ、その知恵が出てきます。それが革新、イノベーションにつながっていきます。

人も組織も、能力や時間や資金などには限りがあります。その限りある資源をどこに集中させるかが大切です。**掃除道でものの整理整頓をしてきた人や組織は、この「捨てる作業」「資源を集中させる作業」が得意になります。**

2 紙の資料の整理整頓を進めよう

今、どこの会社でもペーパーレス化を進めたいという思いがあるのではないでしょうか。でも、どこから始めたら良いか悩んでいる人が多いというのも感じています。ここではいくつかの基本を伝えます。

まず、**書類には「保管」と「保存」の2種類があります。**保管とは、原則1年以内に使用した書類をオフィス内に配置することであり、保存とはあまり使わなくなった書類（経理、労務、法務、総務などの法定保存期間内の書類）をオフィス外の書庫や倉庫に配置すること。ここを明確に違うものだと理解することが大切です。

掃除道では「今に集中する」のを良しとしているため、**オフィスのキャビネットの中は、この1年で使っているものだけが置かれている状態を目指しましょう。**ただし、経理関係の書類や総務関係の書類などは、それぞれ保存期間が法律で定められています。こういった保存すべき書類は机の引き出しの中やオフィスの中のキャビネットに置いておく必要はありません。専門の保存庫で良いのです。使用することはほぼないからです。

ですから1年に1回、書類を毎日常駐させているオフィスの引き出しやキャビネットから**「整理するのか、保存庫に移動させるのか」**を選択し、実行する日を定めて行いましょう。会社であれば、決算月、年度末、年末など、時期を定めて毎年行うのが良いでしょう。

3 ペーパーレスの目標設定をしよう

どこの会社でも、自宅でも、紙の処分に悩んでいることが多く見受けられます。書類、本、雑誌、資料などを「いつかまた使うのではないか」と考えてしまい、処分することができないのです。でも、**「1年以上使っていないものは、使うことはほぼない」ということは紙以外のものと一緒**です。同じ書類を部署で1部あれば済むものを全スタッフが持っている場合もあります。パソコンの中やサーバーの中のデータで保存しておけば済むものもあります。

自作の資料でない場合には、スキャンしてペーパーレス化を進めましょう。このときに有効な2つの具体的アドバイスは**「ペーパーレス化のスキャンは現時点からのスタートでOK」**ということと、**「書類がキャビネットで延べ何mあるのかを調べて、**

三割削減するなどの具体的目標を立てる」ということです。

スキャンしてデータ化することを勢いよく始めたとしても、実際にやってみると「これだけ頑張って作業しているけど、スキャンしたデータはやっぱりほとんど使わなかったな」という思いをしてしまうことになりがちです。そうなると、一気にモチベーションが下がってしまいます。ですからそのような状態になることを防ぐためにも、「5年前の分から作業しよう」などとは思わず、現時点からの書類をデータ化していくようにしましょう。

また、キャビネットの書類や机の引き出しの中の書類が延べ40mあったとします。この部署に20人の部員がいたとしたら、「1人平均2mの書類」です。その場合は例えば、「1人60㎝相当の紙の書類を処分するようにしてください」と指示するのです。

ここでも**目標を具体的に明確にすることによって、改善の行動は加速**していきます。

STEP

5

他が追い付けない究極のブランディングを実現する
無《む》上《じょう》位《い》を目指そう

谷井農園
（掃除大賞2015　農林水産大臣賞）

無上位とは字のごとく、「これ以上、上がない状態」のこと。

掃除道では、日々改善し、自分を高めていくために「無上位を目指そう」というのが合言葉になっています。すべて無上位を目指すのは難しいですが、こだわりのある部分だけでも無上位を実践することによって、他社、他人では追いつけないシンボルやブランディングができあがっていくのです。

掃除において無上位の基準を身に付けるには、50㎝四方や電話の子機など、狭い範囲でいいから徹底的に磨くことが大切です。無上位の掃除に取り組むことですべてにおいて基準が高くなり、完璧はないということに気付きます。そして、常にもっと上を目指そうという、自発的、積極的な心構えになります。会社であれば、もっと効率的に、もっと早く、もっと安くなどと進化していくでしょう。

ここでご紹介する谷井農園は、最高級ホテルにみかんジュースを卸しています。その成功の秘訣は、あらゆる面で究極を目指す無上位への取り組みにありました。

もともと投資は
これと決めたら
迷わないほうです
工場を排水溝から
タイヤにいたるまで
すべてを白く
リノベーション
しました
誰でも汚れや
異物混入が
ひと目で

たまには五つ星ホテルでモーニングして出勤もいいよな
なかでもこの「谷井農園のフルーツジュース」
1杯1000円の価値がある
さて今日の情報収集を…
新着人気エントリー
海川水産　掃除ブログ
さて今日の企業訪問は「谷井農園
さんです！　こちらなんと…
TechNEWS
…てかまたあの田舎会社のブログが人気エントリーに入ってるな
うぜー
…って
さて今回の企業訪問は谷井農園さんです！
こちらなんと五つ星ホテルに商品を提供されているんです…!!
すご～い！みかん畑壮観ですね!!

地方からの躍進ということで私も関心があるのですが…
みかん農家自体は長年なさってるんですよね？
はい もともと親子三代にわたる有田みかん農家です
従業員は家族を入れて10名ちょっとですね
谷井農園
谷井代表
えっ ネット通販なども なさって ますよね？
たった10数人でこなしてらっしゃるんですか
当初はうちも普通のみかん農家で農協に卸していました
1kg90円でしか引き取ってもらえなかったんです
1年 手塩にかけてそれです
家族も社員も疲弊していました

これでは良くないと考えました
けれど従業員を増やすことはできない…
そのなかで生産性を上げる模索をし始めたのです
まず農協を通さず売れるようになりたいと考えまして30年前に通販を始めました
するとkgあたり600~900円になったんですね
おお…!
ただみかんそのものは1年中販売することができないわけです
そこでジュースに加工して販売することを考えました
やるからには最高級においしいものをと工夫を重ねていった結果
みかんにして1kgあたり2400円と当初の27倍の価格にまで成長しました
すごいサクセスストーリーですね…!!

ところがある日異物混入が起きてしまったんですね
改善のためにフィルターを付けたところ「味が薄い」というクレームがありまして…
フィルターを付けずに異物混入を防ぐには「掃除」にこだわるしかないと決意しました
もともと投資はこれと決めたら迷わないほうです
工場を排水溝からタイヤにいたるまですべてを白くリノベーションしました
誰でも汚れや異物混入がひと目でわかる環境を作ったのです
すごいこだわり…!!
そしてその白い状態を保つためにベンチマークとしたのは「伊勢神宮」です
伊勢神宮…?
きれいや汚いを超えて「清いか、穢《けが》れているか」という気持ちで掃除を行うのです

具体的には換気拭き掃除磨き掃除
この3つを隅から隅まで行うということですね
なるほど…
農作物というのは天の恵みなんです
神様にお供物をお届けする気持ちで大切に大切にみかんを育てます
ですのでその加工もやはり「清い」場に保っておこうと
以前は私が率先して掃除していたのですが
拭き掃除磨き掃除を徹底してやり続けると場が浄化されていくのです
この場にいる人の心も表情も明るくなっていくのを感じます
そしてオフィスは生産性と癒やしの空間であることを重視しています
農家さんとは思えないオフィスですね！
ベンチマークはアップルストアです
仕事をすればするほど癒やされる場になれば生産性も上がりますよね

ジュースの瓶デザインにもこだわりまして有名デザイナーに発注いたしました
「アマンリゾートに置いてあるもの」をイメージしたのですが
今や本当にそうなっていますね…!
ホテルに卸すにあたってはこれも100回以上の改善をしましたけれど…
これからも独自の道を貫いて
あらゆる面で「無上位の農家」を追求していきます!
海川水産
う〜ん…やっぱり什器《じゅうき》や機械の裏側がね〜
何してるんですか?

ぎゅっ
ぎゅっ
こないだ拭き掃除磨き掃除っていうのを教わってね～
見えるところはだんだんきれいになっていくけど
次は見えないところにも着手しないとね
拭き掃除はわかりますけど磨き掃除ってなんですか？
まぁ文字通り磨くってことよ
銀色のところは光らせましょうってこと
ええっ!?うち銀色の機械や什器めちゃくちゃあるじゃないですか!!
うんだからまずは蛇口とかね狭いところを光るまで磨いてみるの
単純にやっぱり光ってると気分が良くなるし
まぁあせらず
うちだったら衛生的にも意味があるじゃない？
なるほど～
――そんなわけで谷井農園さんからは「無上位を意識する」ということを教わりました

拭き掃除で身体を動かしていると自然と手伝ってくれる人もでますし会話もよくできるようです
コミュニケーションの一環としていかがでしょうか？
あのジュースにそんな舞台裏が…
…渋谷マネージャー何してるんですか？
ん〜…ちょっと拭いてる
手伝いますよ
いいよ今日は…思い付きだから
自分の机をまず片付けて拭いたら？
えへへ…
えへへじゃなくてさ
コメント一覧
大変興味深かったです。
徹底したこだわりがあの味を
支えてるんですね。
shibuya01
…？
今回はやけに素直だな

1 「清潔」とは何か

清潔とは、**「汚れを落としてピカピカに磨き上げること」**と掃除道では定義しています。

汚れに対して洗剤や道具を使って落としていくのですが、その際に、例えば油汚れなどの酸性の汚れには、アルカリ性の洗剤を使用して中和させます。水垢などのアルカリ性の汚れには、酸性の洗剤を使用して中和させます。それぞれの**汚れの性質に合わせて適した洗剤を選び、化学反応をさせていくこと**が汚れを上手に落とすコツなのです。

会社で整理整頓をすると生産性と効率性が上がりますが、**清掃清潔を高いレベルで行うと質が上がります。**商品の質、サービスの質、スタッフの質がどんどん上がっていきます。

2 汚れを落とす4つの掛け算

なかなか落ちない汚れがあるとき、多くの人はより力を入れてゴシゴシと落とそうとしてしまいます。しかし、汚れを落とすのに力づくはおすすめできません。ここでは、**「洗剤×温度×時間×力」の4つの掛け算**が必要です。

高温で長時間、適した洗剤を使用すれば、汚れは驚くほど落ちやすくなります。高温にすることで酸性の洗剤は強酸性に、アルカリ性の洗剤は強塩基性になり、時間をおくことで化学反応も進みます。その結果、力はほとんど使わないで落とせるようになり、掃除が楽しくなっていくことでしょう。

しかし、洗剤をむやみに高温で長時間使用すると、**汚れは落ちるものの素材を傷めてしまう可能性がありますので注意が必要**です。適切な温度と時間のコントロールが必須なのです。

まずは何か得意な洗剤を作り、それぞれの汚れについてどのくらいの濃度、温度、時間を使うのが適切かを体得していくと良いでしょう。

3 細部に神が宿る

無上位を目指して活動をし始めると「とりあえず目に見えるところをやっておけばいいや」というような**「とりあえず」「まあいいや」「これでいいや」という思いが減っていきます。**そして、もっと良くするにはどうしたらいいかを考えていくうちに**「目に見えないところもきれいにしよう」**と意識するようになっていきます。

世界一の高収益工場を作り上げたサンドビック株式会社の瀬峰工場は「シャドー5S」と呼び、普段は目にしない機械の裏や上を磨いています。

岡山県の小田象製粉株式会社は、ＡＩＢフードセーフティ（ＧＭＰ）指導・監査システムという、製パンに関する食品業界では世界的に権威のある監査で最高評価を得ることができました。「扉のあるものは開ける」とマンホールの中まで掃除をしています。その無上位の取り組みが、掃除だけでなく仕事全般に行き渡っているのでしょう。右肩上がりの成長をし続けています。

4 キープシャイニング、キープホワイト

私たちが一般家庭の掃除の仕事に入ったときに、気を付けることがあります。それは**「銀色の部分は光らせよう」**ということです。蛇口やレバーなど銀色の部分の汚れが落ち、光り輝きだすときれいになった印象が格別なのです。

ですから企業の指導でも、「光り輝く部分は光り輝く状態を維持しましょう。キープシャイニングです」と指導します。

また、谷井農園のように**白い部分をきれいな白で維持する**ということは大変なことです。それでもきれいなまばゆい白を維持できるように日々、掃除に励むことが大切です。この継続、「キープホワイト」が会社の無上位の意識を高め、人の質、商品の質、サービスの質を高めることにつながっていきます。

1 無上位の質問を持つ

人によって、会社によって、目指す無上位は違います。**自分が大切にしたい無上位は何かを考え、常に自問自答する質問を考えてみましょう。**常に、「もっともっと」と無上位に取り組む癖を身に付けることで、成長します。以下に例をあげます。

例　もっと素早くやる方法はないか？／もっとコストダウンできないか？／もっと能率を上げる方法はないか？／もっと待ち時間を減らせないか？／もっと省スペースでできないか？／もっと省エネでできないか？／もっと安全にする方法はないか？／もっときれいにならないか？／もっとお客様を喜ばせることはできないか？／もっと会議を減らせないか？／もっと移動時間を減らせないか？／もっと集中力を増やせないか？／もっと楽しくできないか？／もっと探す時間を減らせないか？／もっと書類を減らせないか？　……etc.

2 狭い範囲を磨いてみる

実際に磨き掃除をしてみましょう。

広い範囲をするのではなく、**狭い範囲を高い基準で磨きます**。デスクの上だけでも構いませんし、60㎝四方のタイル1枚でも構いません。電話の子機だけでも構いません。決めたところを**「ここだけは、これ以上きれいなところはない。世界一きれいにする」**というつもりで取り組んでください。すると狭く小さい範囲ですが、世界一の場ができます。

そして、翌日はその横の範囲を無上位の取り組みできれいにしてみてください。部屋や社内には「世界一」の場所が増えていきます。すると、**不思議なほどに自信や誇りが生まれてくるのです**。世界一の基準が、徐々に社内全体に広まっていくのを感じられるでしょう。

STEP 6

掃除を「苦行」から「遊行」へ

全員参加で楽しく取り組もう

株式会社ピリカ

（掃除大賞2018　環境大臣賞）

掃除大賞に登壇する企業に共通するのは、「全員参加」の文化を持っていることです。新入社員や若手社員だけがやっているのではない。逆に経営者や経営幹部だけがやっているのでもない。掃除道に全員参加で取り組んでいるのです。だからこそ、トップからボトムまで全社一丸となって、難局に取り組んでいけるようになるのです。

しかし、どこの会社も「全員で取り組もう」と掛け声をかけたら全員参加するほど甘くはないでしょう。掃除を「忙しいのに」「時間がないのに」「そんなの自分のやるべきことではない」「やるべき人は他の人だろう」などと考えている社員がいたら、全員参加の社風は作れません。

掃除道は「苦行」ではなく「遊行」です。楽しいから熱中して前向きに取り組めるのです。それは会社でも個人でも同じです。

このＳＴＥＰでは、ピリカの取り組みを通して、掃除道を「苦行」ではなく「遊行」として、全員参加で取り組む秘訣と実践の話を紹介したいと思います。

社名にもなっている『ピリカ』は個人や企業向け
84カ国
70万人以上!!
PIRIKA
今では
ピリカを通じて
世界中に
「ゴミ拾い運動」が
広がって

今日はおもしろいアプリを今村さんから教えてもらったのでご紹介します！

じゃ〜ん！『ピリカ』というアプリです!!

なぁにそれ？

「ゴミ拾いSNS」みたいなアプリなんです
ゴミを拾って投稿するとアプリを使ってる全国の人たちから「ありがとう」やコメントがもらえたりするんです
ありがとう！

おつかれさまです!!

拾ってますね〜

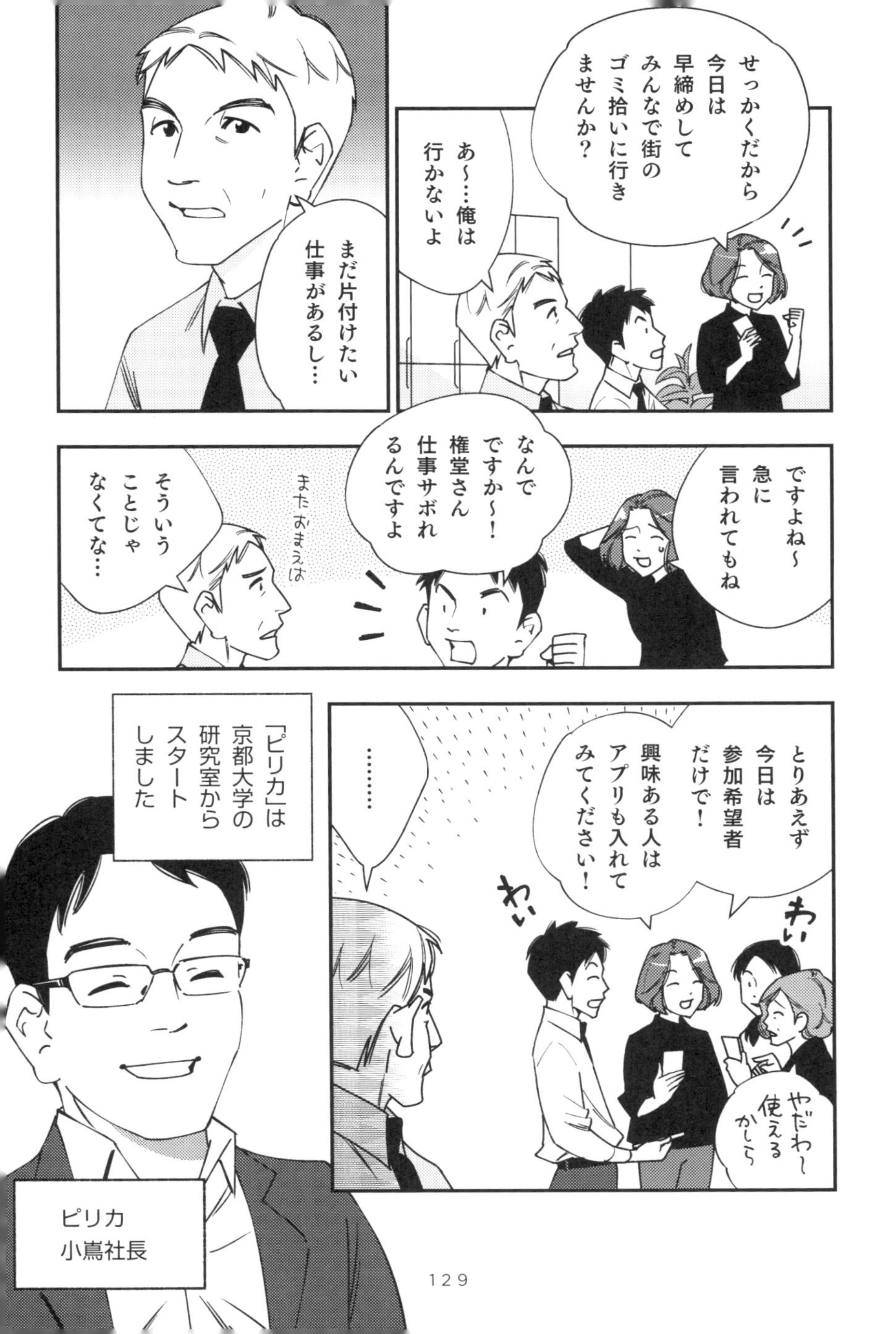
せっかくだから今日は早締めしてみんなで街のゴミ拾いに行きませんか？
あ～…俺は行かないよ
まだ片付けたい仕事があるし…
ですよね～急に言われてもね
なんでですか～！権堂さん仕事サボれるんですよ
またおまえは
そういうことじゃなくてな…
とりあえず今日は参加希望者だけで！興味ある人はアプリも入れてみてください！
わい
わい
やだわ～使えるかしら
………
「ピリカ」は京都大学の研究室からスタートしました
ピリカ
小嶌社長

株式会社ピリカでは地方公共団体向けにAI画像認識技術をもちいた『タカノメ』などの製品を開発
ごみ解析
スマホのカメラを向けて歩くことで街のゴミを解析・集計
ヒートマップ
県庁や政令指定都市を中心に10以上の団体へ街の美化サービスを提供しています
社名にもなっている『ピリカ』は個人や企業向け
84カ国70万人以上!!
PIRIKA
今ではピリカを通じて世界中に「ゴミ拾い運動」が広がっています
写真を撮ってピリカに入力…っと
投稿っ!できた〜!!
まりん
会社のみんなで初ピリカです!
SNSの交流で掃除を楽しくしてくれるスマホアプリが『ピリカ』です!

あっ俺のに早速「ありがとう」がついた!!
あらすごい東京の人じゃない？
全国に仲間がいるのね
う〜んやっぱり人から反応があると嬉しいし
写真で記録が見られるのも達成感あるなぁ
会社の掃除も過去の写真と比べるとやりがい出るかも…
みんなで見られるところに掲示しようかな
ブオン
…もう帰ってきたのか？
はい！今日はお試しですから
権藤さん帰りですか
見てくださいよこれ！

ほんとに全国のゴミ拾い仲間からコメントもらえるんですよ！
拾ったゴミを数字でみると達成感あるし！
Comments
ハムストリングス
はじめまして〜！
1999
社員の皆さんでピリカです
やる気一番
…おまえ何屋なんだ営業だろう
俺ひらめいちゃったんですけど
近隣の協賛企業が出るんすよ！
企業アカウントも作れるみたいで！
Sponsor
円竹産業
これCSRってやつになりません？
地域貢献アピールっすよ！
協賛いくらするんだ？
それがね〜問い合わせてみないとね〜
気が早いんだから
おつかれさまです！
おつかれさん今帰るところだ
…真凛ちゃん余計な世話かも知れないが
地域貢献や掃除もいいけど本業を忘れんようにな
俺は営業だ…営業がゴミ拾いをする意味が正直わからないよ

このところ会社が変わったようでね
それは…その通りです
変えようとしてやってます
あの…それがおもしろくない人もいるのは知ってます
長年会社を支えてくださっていたのは従業員のみなさんです
私なんかろくにわからないまま入ってきて…
でもこのままだとそれこそみなさんの頑張りが無駄になってしまうんです
今やらなきゃいけないんです

掃除が楽しくない効果がないと思われるのなら仕方ありません
でも私は1人でもやり続けます
それで会社が良くなるならみんなが働きやすくなるなら
私はなんでもやります
結局社長と一緒だなぁ
社長が身体壊したのも結局は働きすぎが原因だ
忙しいのに工場の掃除まで手伝って…
人にまかせられるところはまかせておけばいいのに

そう考えると今のところ真凛ちゃんは社員をまとめるのに成功しつつあるみたいだしな
まぁ俺の考えが古いんだろうね
この歳になって「片付けろ」「ゴミ拾え」って言われてもなかなか素直になれんのさ
あぁでも昼飯は食いやすくなったな
机が広くなったから
挑戦はまだまだこれから…
まだ残る風の冷たさに身が引き締まります

1 「苦行」から「遊行」へ

掃除道は「苦行」ではありません。苦しみを伴う修行ではありません。辛さを耐えながら行うものでもありません。誰かに強制的にさせられるものでもなく、困難を乗り越えたら悟りを開くようなものでもありません。

掃除道は**「今この瞬間に集中する」ことであり、自主的に主体的に楽しみながら行える「遊行」**なのです。やり続けたら何かを得るものでもなく、そもそも掃除道に取り組んでいるその瞬間こそが幸せなことなのです。

体調が悪かったらできません。心の状態が悪かったらできません。時間がなかったらできません。仕事に余裕がなかったらできません。人間関係が悪化していたら、その余裕はありません。**今、掃除道に取り組むことができる、その状況に自分がいられるということこそが、実は恵まれている**のです。

そんな自分を取り巻く環境に感謝し、その瞬間の掃除道に取り組むことによって場は清められます。そして、**みんなで楽しく取り組むことで楽しさは連鎖し、自分にも他人にも良い効果が伝染**していきます。

2 全員参加で取り組もう

掃除道に取り組んでいる会社を訪問した際に、現場の担当者からときどき聞かされる言葉があります。それは、「今まで自分は、うちの会社にできるはずがないと思っていました。でも全員でやればできる気がすると、今は思えるようになりました」という言葉です。

この言葉は、おもしろいくらいにいろんな会社で聞きました。**改革はたった1人から始まります。けれど、遠い目標に向かっていくのは、1人ではできません。**掃除道は**1人が100歩前進するのではなく、100人で1歩ずつ前進していく**ような意識で進めていくことに意味があります。

それができるようになったときこそ、会社は強固で揺るがない組織になっているはずです。

3 簡単に楽しくできるか

眉間にしわを寄せたような上司や親から「しっかり掃除しなさい」と言われて、自主的に前向きに掃除に取り組むようになるでしょうか。なりません。

もちろん場がきれいになることによってそれだけでも組織の生産性、効率性などが上がります。でも、掃除道は「夢、希望、感動、自信、勇気、誇りを持つ積極的なリーダーを育成する」ことができるものです。そのためには**「いかに簡単に楽しくできるか」を考える**のが大切になります。

私は全国のたくさんの仲間の良い習慣作りを手伝ってきました。全員に共通することが**「人生で10年以上続けていることは、簡単なこと、楽しいこと」**なのです。強固な意志、根性、気合い、我慢がいるようなものは、短期的には継続することができても、凡人はなかなか継続することができません。良い習慣を「いかに楽しく簡単にできるようにするか」を考え、工夫することが自分の人生や組織の成長につながっていきます。

4 「見える化」がやりがいと喜びを創造する

人ははっきり全体像や詳細がわからないときには、なかなか行動が生まれません。どこから手をつけたら良いかわからないからです。現状がはっきりわかり、明確な目標や進捗状況がはっきりわかる**「見える化」ができると、行動を駆り立てられるようになります。**

掃除道はありのままの現状を知るということがまずは大切です。そして、日々の進化、成長が**「見える化」されてわかるようになると、さらに楽しくなり、継続できる**ようになっていきます。

1　現状の写真を撮影しよう

これは、簡単なのにとても効果のある魔法のような方法です。ただ写真を撮るだけのことで、達成感、日々変わっていく楽しさ、自信などが得られ、やる気が出て、楽しくなっていきます。

まず掃除を始める前に、現状の写真を撮ってください。

人は整理整頓をすると、とてもすっきりした気分を味わうことができます。そして、良くも悪くも以前の汚かった頃を忘れてしまいがちです。「これからずっときれいでいるつもりなので、汚かった時期の写真なんてなくていい」と思う人もいるかもしれません。ですが、**変化が起きていく記録をBEFORE & AFTERで残していくと、それが達成感につながり、新たにやる気を引き起こす**ことになるのです。

掃除大賞２０１５で掃除大賞に選ばれた株式会社東伸では、毎年進化していく様子が定点観測で撮影され、社内に貼り出されています。常に無上位を目指し、進化し続けている会社の歴史が社員全員に自信と誇りを与え、強い企業文化を作り出しているのです。

このように会社でも個人でも、**掃除道に取り組む前の写真を撮影しておくことが、大きく飛躍するきっかけ**になるのです。

2 タイマーをセットして掃除をスタートしよう

10分などと時間を決め、タイマーをセットして掃除道に取り組んでみましょう。

掃除道に取り組むと、作業をしながらいろんなことを思い出します。「あぁ、この書類を早く書いて送らないと」「あの人にメールしないと」「そうだ、来週の件の予約をしておかないと」「この雑誌をしっかり読まないと」など、いろんなことを思い出し、ついつい脱線しがちになります。

そのときに「10分」と決めてタイマーをセットしていれば、「時間内は掃除に集中しよう」と思うことができるでしょうし、もし脱線しても10分後のタイマーが鳴るときにふと我に返り、「あぁ、また脱線してしまった。あと5分、掃除に戻ろう」などと考えられるようになります。

また、**掃除の時間に音楽を流しながらやるのもおすすめ**です。いつも同じ音楽を流すようにすれば、それを聴くとパブロフの犬のように自動的にやる気になったりもします。例えば『トイレの神様』なら1曲10分程度なので、曲が終わるまで掃除をすると良いかもしれません。音楽をかけることで、楽しみながら取り組めるようになります。

3　図を作って塗りつぶしていこう

行き詰まっているときは、思ったようにきれいにならないこともあります。そんなときに掃除を進めるためには、**デスク、部屋など掃除する場所をさらに細かく分ける**ことがコツです。

例えば、デスクなら上を4か所に分け、引き出しもそれぞれ分けましょう。畳であれば半畳ずつなどにして、6畳なら12個に分けます。

それを**手帳などに図にして描き込み、掃除したら塗りつぶしていきます**。このように「見える化」をすることで、小さな達成感を味わいながら進めていくことができるようになるので、楽しくなり、やる気が出てきます。

実際に、掃除道を上手に活用している会社の中には、オフィスや工場を細分化した図が社内に貼られているところもあります。そして毎日、誰がどこを掃除するのかが明確に示されています。

STEP 7

継続力が未来を決める PDCAの仕組みを作ろう

九州木材工業株式会社
（掃除大賞2017　リーダーシップ賞）

物事をスタートさせるときには、衝動のような感性も必要です。しかし、人生を本当に変えようとするときには「継続力」が必要となります。たったの1日、たったの数ヶ月で人生が大きく変わるようなことはほぼありません。

目標に対して継続していく努力こそが未来を変えていきます。

悪い習慣は悪い未来を創り、良い習慣は良い未来を創ります。

感性だけでは継続することはできません。強固な意志、我慢、忍耐強さ、気合い、根性だけで継続することもできません。大切なのは仕組み作りです。このＳＴＥＰでは継続するためのＰＤＣＡの仕組み作りとして、委員会活動をご紹介します。

九州木材工業では、わずか3ヶ月程度で環境整備を社内に落とし込み、全国でもトップクラスの取り組みを行っています。その秘訣は委員会活動にありました。

海川水産　掃除ブログ
本日の企業訪問は九州木材工業さんです!
「エコアコールウッド」という木材製品が世界遺産・厳島神社や新国立競技場のベンチなどにも採用されています
あちこちよう行くわ…
100期近く黒字経営が続いてさらに業績を伸ばしているのですが…
企業掃除の初心者としては3ヶ月程度で環境整備を会社に落とし込んだという秘訣が知りたい…!!
最初は社長が1人でやってたんです
九州木材工業 栗丸さん
よくあるでしょう社長の便所掃除
いつまで続くのかな…と思ってましたよ
でもなかなか社内に根付かなくて
それで掃除道を正式に習いに行って本格スタートしたんです
実行力のある社長さんですね…!

1日全社休業にして大掃除をした後
即座に就業規則として業務時間内の掃除時間を定めました
他社と同じように整理整頓から着手しました
あいかわらず社長が率先して掃除をするのですが
うちには掃除の委員会がありまして
委員会…？
はい 掃除の方針を定める委員会を社員で結成しています
・目的
・目標
・人員
・スケジュール
・効果
・ルール、具体的方法
社長はこれら方針だけチェックしますが
掃除の実行にあたっては委員会の決定にしたがう形です

今では委員会のほうが社長を動かす格好になっています
委員会
社長含め全員
あっなるほど！掃除については完全に権限を移譲してるんですね
上から言われるより信頼を感じますしみなさんもやりがい出るでしょうね
1年に1回はキックオフミーティングをし
目的 目標 スケジュールなどを確認し合います
・目的
・目標
・スケジュール etc.
こうして掃除に本腰を入れてからやはり変わりましたね
3期連続 増収増益！
会社見学が10倍の年間300人
黒字継続のうえ増収増益ですか！

う〜ん…うちもまず場所ごとに掃除の担当を決めようかな
オフィス
応接間
工場
駐車場
etc.
月1点検すればみんな自分の担当の場所を頑張るはず
ところで委員会の仕事なんですがスケジュールを切って担当者を決めて…と普通に仕事の生産計画と同じでしょうかね
大切なのは仕組み作りです
なんとなく「やっておいて」ではすることがわからなくなったり結果　誰かに負担がいったりPJ《プロジェクト》そのものがウヤムヤになったりしますから…
計画
なんかわかりました「あとは手を動かすだけ」って状態にするんですね！
方針書は長くならないようA4かA3 1〜2枚にまとめます
ごちゃごちゃ書いても頭に入りませんから

その1枚を持ってキックオフミーティングをしましょう
こちらも長くならないように1時間程度ですかね
計画
PLAN
方針書
実行
DO
掃除実行
ふり返り
CHECK
結果チェック
改善
ACTION
次への準備
以降はPDCAサイクルを回すだけです
掃除結果のチェックは1ヶ月に1回具体的に日時を決め告知してパトロールを行います
抜き打ちはしません
チェックシートと巡回地図を作成しておきます項目は具体的にするのが肝要です
チェックシート

チェックするときは
現場の人が
一緒に立ち会います
チェック係と
現場でそれぞれ
チェックシートを持ち
どのくらい
達成されたか点数で
記入していきます
このとき
現場の人と
チェック係の
認識が違うことが
ありますが
基準の
差について
話し合うことが
大切ですね
5
9
チェックに
かける時間は
10分程度に
しましょう
長々とアラ探しを
するようなのは
良くないです
なるほど～！
方針書から
チェック内容まで
とにかく具体化
すると…

ウゥーー…
ん？
どや どや
えっ なんですか⁉
掃除の時間ですね！
とくにお客様がお見えになる応接間はセットを運び出して…
20人近くで拭き掃除磨き掃除をします！
ぎょ
うわあああ‼
つるり

このほうが狭い範囲を磨けますし
みんなでおしゃべりしながらは楽しいですよ
せっかくなので参加する
あっ社長さん!?
おやこれはどうも
こうやって同じ目線で床を磨いていると会話がしやすくなるんですよ
飲みに行くよりコミュニケーションがとれます
きれいになるしお金かからないし一石三鳥ですね
これからも自然を愛し木を愛し人を愛し
求められる会社でありたいですね
九州木材工業
角社長
キマったじゃないですか社長～
とてもハッピーな掃除の時間でした!

1 掃除道は組織のPDCAサイクルをまわすトレーニング

掃除道をすぐに落とし込み、快進撃をスタートする会社と個人がいます。逆になかなか風土、文化として定着させられない会社と個人もいます。ここで紹介した九州木材工業は掃除道を始めてまだ2ヶ月くらいでも、「この会社の掃除道はすごいことになる。さらに会社が変わり、繁栄をしていくだろう」と確信しました。それは掃除道の実践が高いレベルで完成していたからではありません。**社長の強い意志と、掃除道を定着させる委員会活動がしっかり機能していたから**なのです。

掃除道を徹底している会社は、例外なくPDCAのマネジメントサイクルを持っています。PDCAとは、仕事を円滑に進めるために有効な方法で、**PLAN**（計画）**→DO**（実行）**→CHECK**（チェック）**→ACTION**（改善）のこと。リーダーの思い付きや行き当たりばったりの情熱、意志、我慢、忍耐強さでは長続きしません。継続するPDCAサイクルの仕組みを持っている会社、個人が繁栄していくのです。

2　人も会社も見ると成長する

掃除道で進化発展し続けるコツに**「素晴らしい実践をしているところを見に行く」**ことと、**「たくさんの人に自分の実践を見てもらう」**というものがあります。自分たちでは無理と思ったとき、どこから手をつけたら良いかわからないとき、行き詰まっているときには、**他人や他社の実践を見ると、壁をぶち破ることができます。**自分1人ではいくら考えてもできないことが、見ることによってワープするかのように進化できるのです。定期的に他の素晴らしい実践を見に行く習慣を身に付けましょう。

3　人も会社も見られるときれいになる

他社を見に行くことはとても大事です。同時に見にきてもらうことも大事です。見に行くだけだと頭でっかちになり、実践が伴わなくなってしまいます。でも、**見にきてもらうとそれだけで実践力が高まります。**テレビに出る芸能人も出続けているときれいになっていきます。多くの人に自分たちの実践を見てもらうようにしましょう。

1　方針書を作ろう

掃除道の方針書を作りましょう。**具体的、明確に書くことによって、個人も組織も動き始めます。**方針書は**A4かA3で1枚**にまとめます。あまり長いと頭に入らないし、あれもこれもやろうとしても一度にはできません。書くのは、「目的」「目標」「人員」「スケジュール」「効果」「ルール、具体的方法」「チェックの仕方」「予算」「委員会活動について」などの項目です。ここでは主な項目の書き方をご紹介します。

・目的

なんのために掃除道に取り組むのか。「人材育成」「増収増益」「業界で知られた存在になる」「良い人を採用したい」「人が辞めない社風にしたい」など、**掃除を通して最終的にどのようになりたいか**を記載します。

・目標
目的が増収増益であれば、「今年○○円コスト削減する」「生産性を120％にする」など、**具体的な数字**を入れましょう。

・人員
取り組む人とその役割、責任を記載します。社員も社長も全員参加が基本です。

・スケジュール
いつ、何に取り組むか計画を立てます。年間、半期、月、週、日とスケジュールが決まっている会社は強くなります。例えば「3月は整理月間。不要なものを捨てる。15日は会社全体で赤札作戦を実施」「4月は整頓月間。キャビネットの中を使いやすいように整頓する」「11月は紙を捨てる」「12月に大掃除をする」など、**長期の年間スケジュール**が決まっていると良いでしょう。また、「毎朝8時30分から15分行う」「毎週金曜日に1時間の改善活動を行う」など**実施する時間**も決めておきます。これらを最初に明確に定めておかないとだらだらやってしまったり、今日は忙しいからやめよう、などとなってしまうことがあるので、ルール作りをしっかりとしましょう。

・効果
「残業が減る」「仕事に集中できるようになる」「売り上げが上がる」など。**掃除をすることでどのような効果があるかを具体的に**記載します。効果を感じられるとみんな頑張れるようになります。

・ルール、具体的方法
「毎日15分掃除の時間とるからやっておいて」と言っても、みんな何をしたらいいかわからないから、なんとなくやって終わってしまいがちです。「ここの担当の人は机の上を何もない状態にして、雑巾で2回拭く」「駐車場担当の人は草を全部取って雑草のない状態する」など、なんとなくやるということがないよう、**具体的な掃除の方法を明確に**決めておきましょう。

2 キックオフミーティングをしよう

方針書の内容を、キックオフミーティングで伝えましょう。社員が飽きないよう、何時間もかけずに**1時間で伝える**こともおすすめです。

長時間で一度に伝えるのではなく、**短時間で良いので繰り返し言い続ける**ことが、うまく回していく秘訣です。

3 理想とする人や会社を見に行こう

理想とする人に会ったり、会社見学に行くことは掃除を続けたり、成長するうえで非常に良い刺激になります。そこで、そのような**ベンチマーク先を定めて、会いに行ったり、見に行ったりしてみましょう**。その際、学びがあれば、自分とは全然違う分野の会社や人でも構いません。

例えば、110ページで紹介した谷井農園は農園にもかかわらず、ベンチマーク先はアマンリゾートと伊勢神宮とアップルストアです。

また、同時に自分を見てもらう機会を作ることも大切です。

STEP

8

大きな成功に向かって
まわりを巻き込んでいく！

リーダーシップを身に付けよう

旭建設株式会社

（掃除大賞２０１９　厚生労働大臣賞）

組織は90%がリーダーで決まります。実際に私が日本中の組織を見ている範囲では、限りなく１００％に近い確率と言っても過言ではありません。自らが立候補してリーダーになる人もいるでしょうし、選ばれてリーダーをまかされる人もいることでしょう。悩み、苦しむこともあるでしょう。途方にくれることもあるでしょう。でも、リーダーの成長とともに組織は成長していきます。リーダーである自分が成長し、今の課題や困難を突破することができるのです。

掃除道でもたくさんのリーダーが育っていきました。全国で同じようなドラマが今日も繰り広げられています。

旭建設は協力会社３００社とともに環境整備に取り組みました。

彼らがどのように困難に立ち向かい、多くの人を巻き込んでいったのかを紹介します。

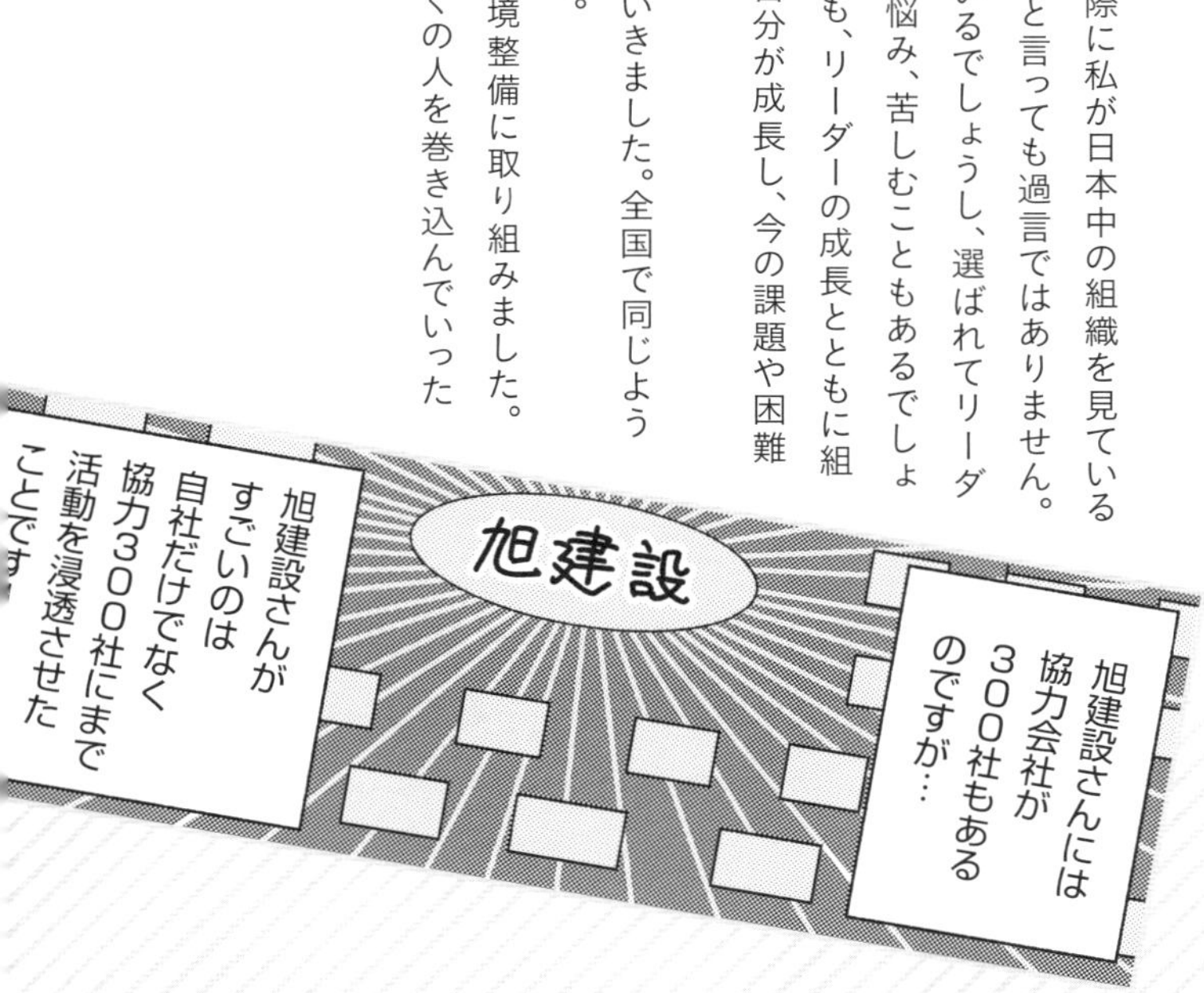
旭建設さんには協力会社が300社もあるのですが…
旭建設
旭建設さんがすごいのは自社だけでなく協力300社にまで活動を浸透させたことです

最近SEの人たち何やってるんだろ
なんか朝拭いたりしてるよね
渋谷マネージャーこわいからね～嫌々やらされてるんでしょ
……
社内の変わり者扱いだったSE渋谷たちの取り組みを見て
感化される者が現れ始めた
おはようございます！
朝の掃除いいですね！私も真似してます!!

はぁ？それはご自由に
あはは仲間が増えた
絶対いい取り組みですよ！
なんか最近SEの島だけスッキリしてるじゃないですか
うらやましくって
人の感じ方はそれぞれですから
もともと渋谷さんだけやってたんですが
僕らもその気になってきちゃって
いいな〜
全社できれいになったら絶対ステキなのにな〜
…言われてみればこんなゴチャゴチャしたオフィスで俺も働きたいわけじゃないんだが
だんだんイライラしてきたぞ
なんだこの光景は
とはいえ…

トップダウンでない場合は
職場の掃除も限界がありますよね。
やはり結果論では？
ま～た ツッコミ… 頑固だなぁ
「先日行った旭建設さんが参考になると思います」…っと
千葉県の旭建設さんは掃除活動の浸透に工夫をこらした一社です
旭建設
旭建設さんには協力会社が300社もあるのですが…
旭建設
旭建設さんがすごいのは自社だけでなく協力300社にまで活動を浸透させたことです！
当初は自社の社員ですらやらされ感満載で…
「言っても言ってもやってくれない」という日々が続きました
旭建設
西田さん
そこで伝える工夫をもっとしようと思いました

協力会社の職長クラスで「職長会」を結成
職長会と旭建設の委員会とのすり合わせミーティングを実施しました
協力会社
広報
MTG
旭建設
さらにポスターや会報誌を発行するなど「協力会社にとっても良いことなのだ」という前提を共有できるよう腐心しました
そのうち規範となる職場で品質・安全・工期・コストの改善が見られ
社外から評価をいただけたことで意識に変化が出てきたそうです
すいませ～ん ノートPCの交換にきました～
…って あれっ!? 新品!?
…ではないんですけど

掃除の時間で勢いあまって磨いちゃいました
だんだんすることなくなって
すげー！ありがとう！大事に使う気になるよ～
アレでしょ？なんかポスター貼ってある…
はい！渋谷マネージャーが始めたんです
うけるわ そういや みんな机きれいになったよね～
渋谷さんアツいじゃん
俺も自分の机片付けよっと
サンキュー
……
くる
ほら！乗り気になる人も出てきますよぅ
こうやってだんだん巻き込んでいきましょうよ
他に旭建設さんでは現場巡回を職長全員ですることにより現状共有とともにチェックをアピール
また協力会社の倉庫も清掃協力しこちらも実践をアピール

さらにはGood Jobカードを導入
これは裏にメッセージが記入できるコミュニケーションツールです
Good job!
最初は根付かなかったそうですが…新入社員が職人さんへ書いて渡すなどしてくれたそう
そのうち委員会のほうが気付かされます
環境整備ができるのは協力してくれる人あってこそなのだと…
「ありがとう」という言葉が自然に軸となり
そこからさらなる改善が生まれるようになりました
棚の中だけども
拭いちゃおう
…本当に変われるのか…？
だとしたら俺ができることはなんだ

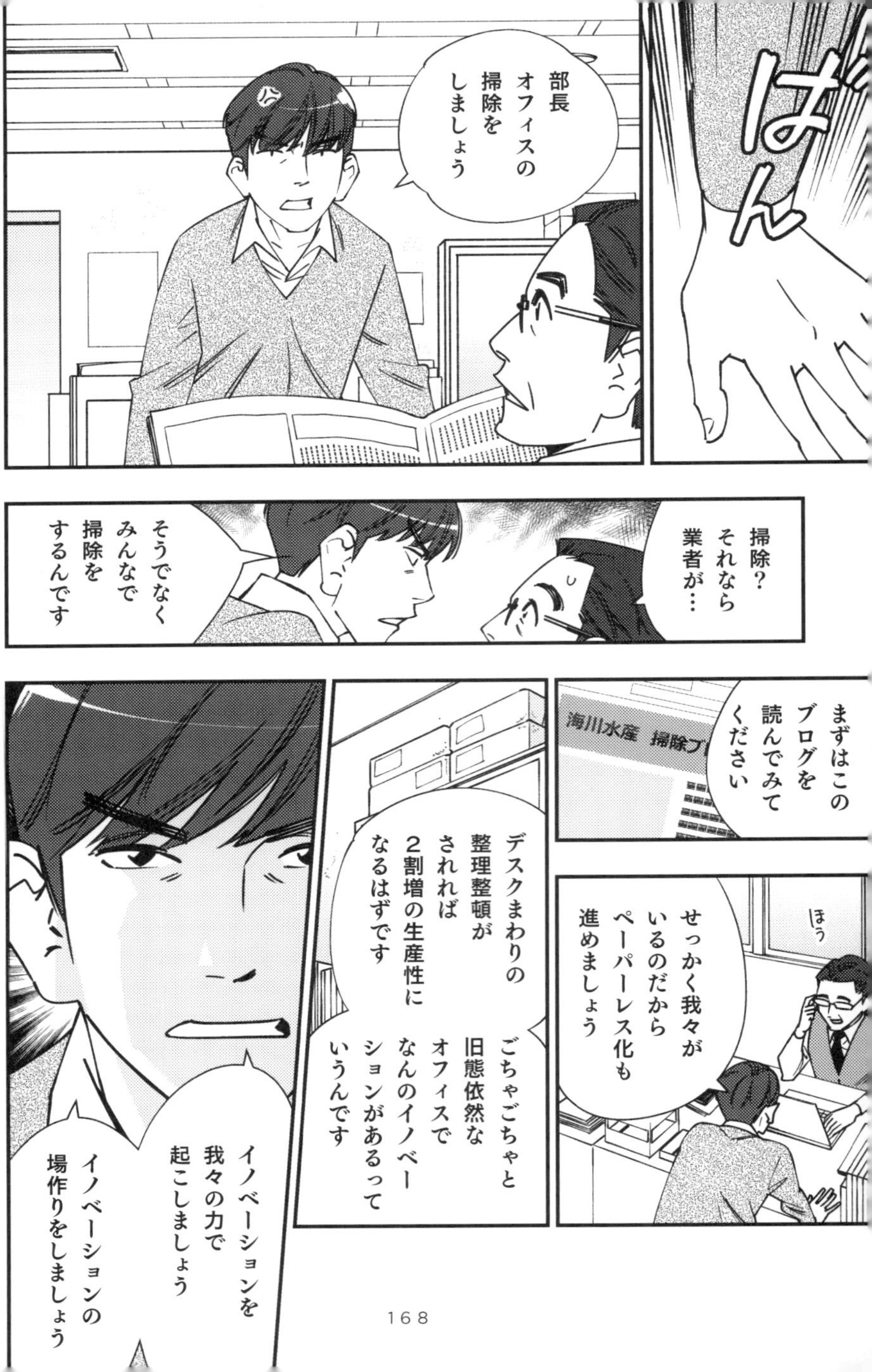
ばん
部長 オフィスの掃除をしましょう
掃除？ それなら業者が…
そうでなく みんなで掃除をするんです
まずはこのブログを読んでみてください
海川水産　掃除ブ
せっかく我々がいるのだからペーパーレス化も進めましょう
ほぅ
デスクまわりの整理整頓がされれば2割増の生産性になるはずです
ごちゃごちゃと旧態依然なオフィスでなんのイノベーションがあるっていうんです
イノベーションを我々の力で起こしましょう
イノベーションの場作りをしましょう

……
そ…そんな大見得きって大丈夫なんですか
俺たちが本気になれば会社は変わる
2-6-2の法則だそうだ
組織にはやる気があって成果を出す人が2割
中間層が6割
やる気がなく成果も上げられないのが2割
やる気 成果
やる気 成果
どちらでもない
やる気のない人間に媚びるより中間層の6割のモチベーションを上げて引き込めば8割だ…残りはいずれ裏返る
協力してくれてありがとう
はっ
渋谷さんが心を開いた…!?
やるぞ
俺と俺のチームに不可能はない
やっぱりこわい

1 社内に抵抗勢力は現れる。確率は100%

掃除道を導入しようと決意し、スタートしたものの、100%の確率で起こることがあります。それは**抵抗勢力が現れる**のです。

せっかく自分はやる気になってスタートしたのに、熱くなっている自分についてきてくれる人は少数です。表面では聞いたふりをしていても、本音では面倒だ、やりたくないと思っている人が大半です。冷めた目で見て見ぬふりをしてくれる人はまだましです。はっきりと「そんなことをしている暇はない」と反対にまわる人も出てきます。そしてはじめはやる気に溢れていたリーダーも次第に情熱をなくしていきます。「できるはずないな」「うちの会社には向いていないいんだ」と。

でも、これは間違っています。なぜなら私が見てきた会社では、**すべての会社で抵抗勢力が現れた**からです。それは1社の例外もありません。この本に登場するすべての優良会社でも抵抗勢力の出現に現場のリーダーは悩みました。でも、私はそれらは解決できるものだと信じているので動揺しません。リーダーの心が折れないようにサポートをしていきます。**リーダーの心ですべてが決まり、必ず克服でき、素晴らしい未来を作り上げることができる**のです。

2 抵抗勢力が現れる理由

「掃除なんて自分の仕事ではない」「そんなのやっている暇なんてない」「掃除なんかで業績が良くなるはずないだろう」「掃除より営業や生産をすべきだ」「面倒だ」「十分きれいだし……」「良いことだとわかっているけど、あなたのもとではしたくない」など、抵抗勢力の人たちは様々なことを口にします。

でもこれらは、**コミュニケーション不足によるもの**です。掃除の効果を伝えられていない、信頼関係の欠如、自発性の欠如、諦めなど、リーダーによる指導が組織の仲間の心に届いていないのです。これは単に学校の授業のように講座で伝えるだけでは足りません。**リーダーの率先垂範と、繰り返し繰り返しのコミュニケーションによって解決していく**のです。

3 2-6-2の法則

掃除道のリーダーは「あの人たちはきっと協力してくれない」と始める前から悩んでしまうものです。自分より年長の先輩、営業成績の良いスーパー営業マン、ベテラン社員、そのような人たちにはなかなか自信を持って自分の意見を伝えることは難しいでしょう。

でも**最初から全員を巻き込めるものと思わなくて良い**でしょう。組織は**「やる気があり成果を出す人が2割、中くらいの可もなく不可もない人が6割、やる気がなくなかなか成果を上げられない人が2割いる」**と言われます。私が関わったすべての会社で起こる現象が、中間層の6割は、やる気のある2割か、やる気のない2割のどちらかのエネルギーの強い方に引っ張られるのです。

もし、あなたがやる気のない非協力的な人たちのことが気になって、媚びていったとしましょう。すると彼らのエネルギーは強くなり、中間層の6割も掃除道に消極的になっていくことでしょう。リーダーであるあなたがやるべきことは、**「やる気のある2割に焦点を当て、彼らのやる気をもっと引き出すこと」**なのです。すると中間層の6割も次第にやる気になっていきます。組織の8割が掃除道で会社を変えよう、という風土になっていきます。8割の環境ができると、そこから先は新入社員も中途社員も、消極的だった社員たちも環境の力で当たり前にやるようになっていきます。

4 本当の抵抗勢力は他人ではない。実はあなたの心なのだ

私は全国でたくさんのリーダーを育て、たくさんの感動のストーリーを見てきました。**掃除道の実践を通じて、リーダーが成長していく**のです。どんな人だって最初は半人前です。どうやったら良いかわからないし、たくさんの失敗もします。でも人は成長し、力強くなっていきます。最初はうまくいかない理由を他人や環境に求めてしまうものです。でも、責任感を持って取り組んでいくと、あるときにふと気付かされます。「あれ？　これは本当に他人が悪いの？　もしかしたら自分に原因があるんじゃないの？」と。

リーダーである自分が最初から「無理に決まっている」と思っていたらできません。リーダーに継続力がなかったら組織でも続けられません。リーダーが嫌々取り組んでいたらみんなもそうなります。リーダーが暗い表情だったらみんなもそうなります。

リーダーがチェックを怠るようになったらみんなもしません。**組織や仲間はすべてあなたの心や行動の鏡**なのです。そして**自分を取り巻く環境はすべてあなたの心と行動の習慣を表している**のです。掃除道をやりとげ、素晴らしい会社を作り上げた人たちは困難があっても乗り越えた人たちです。そしてそれはあなたにも必ずできます。

5 リーダーの仕事はワクワクを伝えること

リーダーがもっとも伝えるべきことは、正論や理屈ではありません。STEP1でお伝えした通り、理論や知識だけでは人は動きません。理動、知動という言葉はなく、あるのは感動です。人は感じるから動きます。

リーダーはまず、**自らがワクワクと燃え上がること**が大切です。あなたのワクワクを伝染させるのです。あなたが冷めていたら、冷めた集団になるでしょう。あなたが本気で熱く燃え上がっていれば、熱い本気の組織になるでしょう。まずはあなたが自ら燃え上がり、あなたのワクワクをみんなに感染させていきましょう。

他人の前にまずは自分です。誰かに伝える前に、**今日の表情、今日の声、今日のワクワクを鏡の前で確認し、しっかりと自分のテンションをマネジメント**しましょう。

リーダーは**場のマネジメントと自らのテンションのマネジメントが必要**です。

6 速く行きたいなら1人で行け。遠くへ行きたいならみんなで行け

これは、アフリカのことわざです。私がアフリカのサハラ砂漠マラソン250㎞に出場したときに現地の人から教わりました。

砂漠で250㎞先を目指して走るということはとてつもないことで、気が遠くなります。私1人では到底完走することができなかったことでしょう。でもそのときにこのことわざを教わりました。

掃除道で会社を良くすること、自分の人生を良くすることも一緒です。他人の力を借りずに自分1人でやってしまった方が、速いのではないかと感じるときもあることでしょう。でもそれは身のまわりが少しきれいになるだけのことです。**仲間の力を借り、みんなで取り組むことができるようになったとき、今の自分では想像もできないほど遠くまで行くことができます**。1人で100歩進もうと頑張る必要はありません。**100人で1歩ずつ進めば良い**のです。

1 まずは自分のデスクをきれいにしよう。デスクはあなたの仕事の信用を表す

いきなり大きなことをやろうとするのはやめましょう。まずは率先垂範できることからです。**自分のデスクまわりの掃除から始める**ことをおすすめします。**デスクは仕事の信用力を表します**。片付いている人は仕事のミスが少なく、締め切りも遅れることがありません。机の上が乱雑な人はたくさんの仕事をしているようにも見えますが、いつもバタバタと締め切りに追われているものです。能力は高いものの、いつも余裕がない状態で仕事をしがちです。また掃除道のリーダーとして自分の**デスクがきれいかどうかは、あなたの有言実行力の信用を表しています**。

引き出しの中は本当に必要な文房具だけにしましょう。使っていないものが便利そうだから、とたくさん入っていませんか？　この1年以内に使ったものだけにしましょう。書類は15秒以内に取り出せるようにしましょう。机の上にたくさんのものが常駐していると集中力が削がれます。毎日、帰宅時には机の上に置かれているのはパソ

コンと電話だけにします。デスクのすぐ下の広い引き出しは空にします。ここは昼食時、外出時、帰宅時にやりかけの仕事を一時置きする場です。

まずは自分自身の机をこのように作り上げてください。あなたの能力を最大限発揮できる戦うコックピットを作り上げてください。その過程でたくさんの気付きがあることでしょう。実践の後に、そのワクワクを周囲の人に伝えていきましょう。

2 まずは1人の仲間を作ろう。次に3人。次に5人

リーダーになると最初から「どうやって全社、全員を巻き込もう」と考えがちです。そしてうまくいかずに悩み出します。私からみなさんにおすすめしたいのは、「急がばまわれ」です。全員に浅く伝えるのではなく、**最初は1人の理解者、協力者を作る**のです。それができたら3人にします。そして、次は5人です。社内に5人の協力者ができたとき、掃除道は動き出します。1人では頑張っても頑張ってもなかなか動きません。そのうちに自分の情熱も冷めていき、自信をなくしていきます。

あなたは**最初の1人、3人、5人の仲間を誰にしますか？ どんなふうに伝えますか？** それを書き出してみましょう。そして実践です。

STEP

9

掃除でピンチを克服する
生まれ変わるための
整理整頓をしよう

志賀塗装株式会社

（掃除大賞２０１９　激励賞）

ピンチのときこそ、掃除が必要です。掃除は護身術であり、護心術でもあります。徹底的な整理整頓をすることで、人も会社も生まれ変わることができるのです。

実際に徹底的な整理を行い、1年程度で目覚ましい成果を上げ、再生した会社があります。それが福島県いわき市の志賀塗装です。

2011年3月11日、東日本大震災。原発から35㎞の避難区域のすぐ近くの志賀塗装は大きなピンチに直面しました。次々と社員が辞めていき、仕事も失いました。

社員の心を守らねば。この地元いわきを守らねば。志賀社長は35年ぶりに倉庫の大掃除を行いました。職人は「俺のものを勝手に捨てるな」と言いましたが説得を重ね、トン単位でものを捨てることに成功しました。

その結果、会社はV字回復。今、志賀塗装は新規事業もスタートし、増収増益を続けています。

35年間掃除
していなかった
倉庫には不用品が
山ほどありました
数年
使っていない
ペンキや
ハシゴ50本
ほうき100本
などなど
倉庫から
出すだけで
丸一日
かかりました

今回の企業掃除訪問は福島県の志賀塗装さんです
わずか1年で業績V字回復の経緯を伺ってきました
志賀塗装㈱
塗装会社とは思えない外観ですね…?
はい 創業は250年前で元は呉服や味噌・醤油を扱っていました
塗装業は69年前からです
志賀塗装
志賀社長
ゼネコンの下請けで社員18人年商5億と安定していました
ところが…
2011年東日本大震災が起きました
うちは原発まで35㎞避難区域まですぐそこです
あの日からガラリと運命が変わったんです
今まで仕事をくれていた企業からも依頼がなくなり
将来に不安を感じた社員が次々に辞めていってしまいました

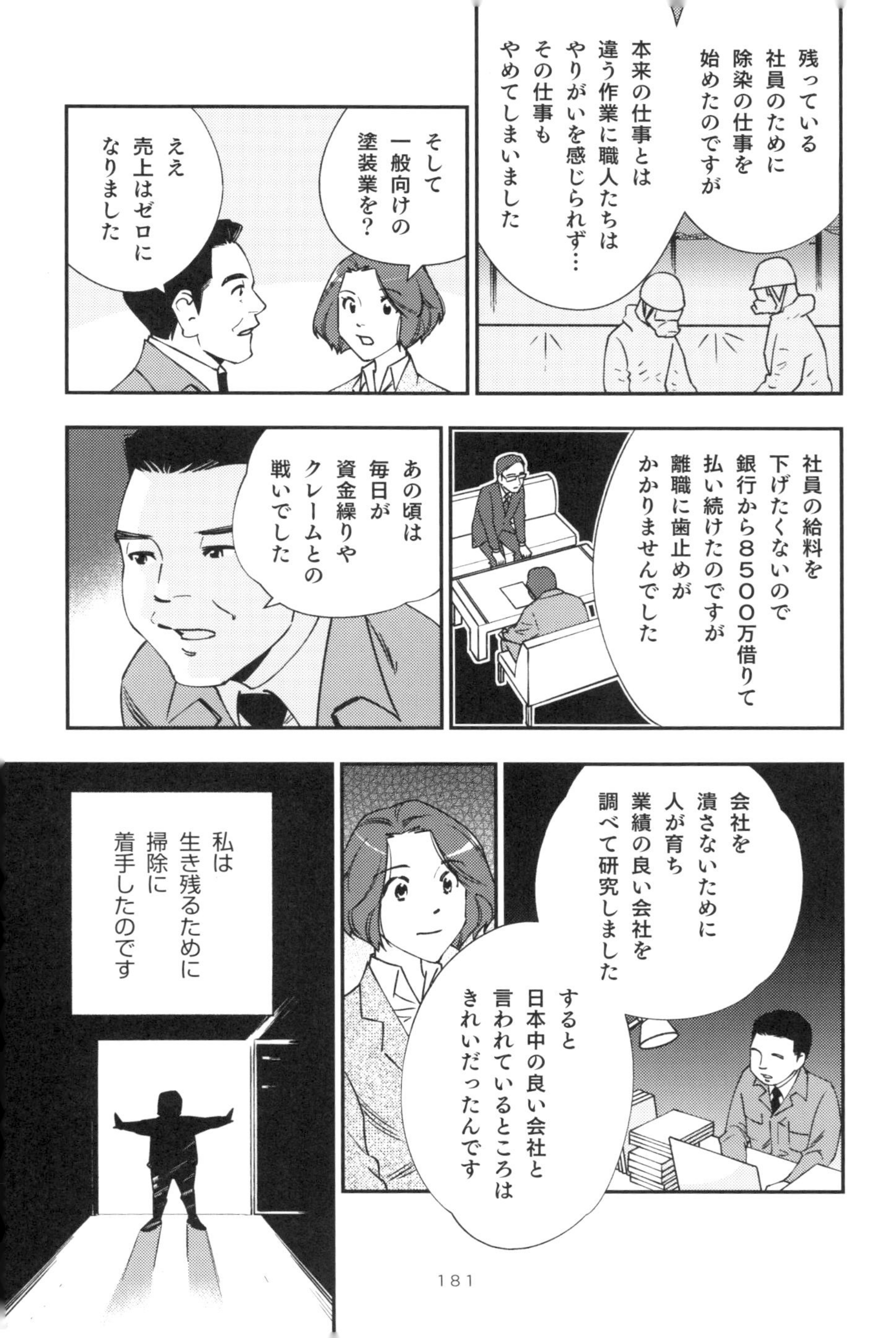
残っている社員のために除染の仕事を始めたのですが
本来の仕事とは違う作業に職人たちはやりがいを感じられず…その仕事もやめてしまいました
そして一般向けの塗装業を？
ええ売上はゼロになりました
社員の給料を下げたくないので銀行から８５００万借りて払い続けたのですが離職に歯止めがかかりませんでした
あの頃は毎日が資金繰りやクレームとの戦いでした
会社を潰さないために人が育ち業績の良い会社を調べて研究しました
すると日本中の良い会社と言われているところはきれいだったんです
私は生き残るために掃除に着手したのです

35年間掃除していなかった倉庫には不用品が山ほどありました
数年使っていないペンキやハシゴ50本ほうき100本などなど
倉庫から出すだけで丸1日かかりました
もちろんせっかく購入したものです
捨てることに反対意見も出ました
また 社員から思い入れのある会社のものを「捨てないでくれ」と言われることもありました
ピンチを脱するには強いリーダーシップが必要です
私は会社を存続させるため断固たる決意で進めました
整理とは存続する覚悟とスピード感があってこそできます

説得を重ねて トン単位で ものを捨てる ことが できました
トン単位…!!
これまでは ものが多すぎて 何があるか 何を捨てるべきか わからなかった のです
全部を…
本当に社内の全部を 棚卸しすることで ようやく捨てるべき ものがわかったんです
震災の後 福島から離れる人も たくさんいました
この会社からも 半分以上の人が 離れていきました
ですが やはり 気付いたのです
私は この地域が 好きなんだと

幸いなことに
ゼロから始めた
一般向けの仕事も
今では売上が
4億5000万です
地域の方々に
向けて商売を
することに
やりがいを
感じています
必要のない
ものも仕事も…
すべて捨てることで
生き返ったのです
今では個人宅の
掃除請負や
掃除に関する
セミナーなども
開いています

今村さんいわく
「掃除とはあくまで
個から公に広まる」
もの
まずは身近な
社内の人たちの
ために掃除を
すること…
環境を整えること
海川水産
ワイ
ワイ
ワイ

何やってんだ!?
あっ お父ちゃん
工場の床を区画に分けて順番に汚れを落としてくことにしたの
余計な仕事をさせてるようですまない気持ちになるが…
コンコン
真凜さ～ん ちょっと きて～～
次はなんだ?
えへへ 休憩室のイスがね…
あらなんか… ちょっと オシャレ!!

従業員のおばさんたちが手入れしてくれたの！
東京のツテでクッション材と布だけ上等なの私が自腹で買ったよ
いいクッション！腰が休まるわぁ
イスの手入れ!?そんなこと従業員にさせてたのか!?
社長～「させられた」んじゃないですよ
私たちが自分でやったの！
自分たちの環境は自分たちで良くしていいんだって真凛ちゃんに気付かされたからね
社長の配慮も嬉しいけど気持ちだけ受け取っときますよ！
あとは目の前の道路掃除とか…
きゃっ
きゃっ
お花を植えても通る人にきれいかもしれないね！
改善の余地ならたくさんあります

過去の書類もペーパーレス化を進めましょう
デスク背後の書類棚を減らせたらレイアウト的にスペースが取れて移動がしやすくなります
書類は全部スキャンして保管します
ふむ
いちいち探しにこなくてもみんながPCで閲覧できます
たとえ膝をついても人は何度でも立ち上がれます
ですが立ち上がるとき余計な荷物は捨てなくてはいけないこともあります
すべては明日のために——

掃除道のポイント

1 掃除道は個から公へと広がる

掃除道で全国の実践を見ていると、よく勉強をしていてたくさんの知識はあるけど、実際に現場を見ると実践のレベルはとても低い、という会社がたくさんあります。掃除大賞にエントリーする企業でも「私たちはこんなにたくさん街の掃除をしています」「こんな感動をしました」と言うけれど、実際の自分たちの会社や家は散らかったままの会社がたくさんあります。そういった方たちには「街をきれいにするというのは素晴らしい実践をしていますね。ただ、**先にもっと身近な家族、会社の社員の幸せのために、自分の家や会社の中をまずはきれいにしてみませんか？**」と伝えています。**掃除道はあくまでも個から公へと広がっていきます**。自分1人でやっていたものが部署全体に広がっていき、そして会社全体に広まっていきます。会社の中でできるようになると町全体の美化活動にも力を入れたくなっていくのです。

過去の掃除大賞受賞企業も自社の中で掃除を大切にする文化があるからこそ、それが個から公へと広がっていきました。自分のもっとも近くにいる家族や社員のために利他の思いを持って掃除する文化がない会社が街の掃除をしていても、どこか大切なものを見失っている感じがします。**まずは身のまわりの大切な人との空間から掃除をしていきましょう。**

2 掃除道は護身術である

掃除道は空手道、柔道、剣道と同じように護身術でもあります。人の命を守る使命の病院、航空会社、ゼネコンなどでも高いレベルでの掃除が実践されてきました。**整理整頓がされていないと、ちょっとしたミスで人の命が危険にさらされます。**ちょっとした手抜きで高所から転落する危険が増すこともあるのです。もし事前に整理整頓と段取りをしっかりしていたら高所での作業時間は減り、危険も減ることでしょう。掃除道に取り組み始めてから労災事故ゼロを継続している会社が全国にはたくさんあります。

また、私たち掃除道では視覚障害のある方のお掃除のお手伝いもしますが、**整理整頓することは彼らの身を守ることでもある**のです。

3 掃除道は護心術である

掃除道は護身術であると同時に護心術でもあります。**きれいで気持ち良い環境にいることは、健康な心を保つことにもつながります。**例えば、ある会社では掃除道を続けたところ、転職者の人数が減っていきました。たくさんの不登校児が学校に復帰していきました。

メンタル状態が悪化していくと、その頭の中を映し出すかのように現場は散らかり始めます。そのため、掃除道では自分を取り巻く環境を**「外脳」**と呼んでいます。**実際の右脳、左脳と環境はリンクしている**と考えているのです。そして実際の脳ではなく、部屋の中をきれいにすることによって頭の中がスッキリしていくのは、掃除に取り組んだ全員が体感することです。**掃除道は身体だけでなく、心を健康に保つための術でもある**のです。

4 ものはメッセージを語る

私は現場に行くと、その人や会社が抱えている問題が瞬間的にある程度わかります。それは**現場のものがメッセージを語りかけてくる**からです。

これは私だけができる特殊能力ではありません。誰が見ても、たくさんの在庫があったら、在庫管理ができていないことがわかります。商品が汚れていたら商品を大切に扱わず、雑に扱う風土なんだとわかります。デスクの上が乱雑だと、頭の中が整理整頓できていなくて、無駄な作業をたくさんしているのだとわかります。

普段から散らかっているデスクで作業をしていると、無意識レベルでそのデスクは自分に「まだこんなにやりかけの仕事があるよ」「だらしない」「締め切りが近いのではないの？」「お客さんが待っているんじゃない？」「何か忘れているものはない？」「またテキトーに最後は仕上げるの？」などと語りかけてきます。そして、**日々のその積み重ねで自分の潜在意識が作られていきます。**

環境をしっかり整えることで、現場から常に良いメッセージを受け取ることができるようになりましょう。

1　危険なところ、不便なところに付箋を貼ろう

STEP3では、「1年間、使っていないものに付箋を貼る」ということをしてみました。ここでは**「危険なところ」「不便なところ」に付箋を貼って、見える化**してみましょう。

少し飛び出しているものはありませんか？　歩くときに迂回して歩くのが当たり前になっているところはありませんか？　1日に何度も開け閉めしている扉はありませんか？　壊れているもの、ささくれだっているものはありませんか？

少しでも事故につながる可能性があるものには付箋を貼りましょう。少しでもみなさんに「面倒だ」と感じさせるものに付箋を貼ってみましょう。**このトレーニングが改善意識を養っていき、安全で健康的な会社を作っていきます。**

2 手放す顧客を決めよう

1人1人のお客様を大切にするのは素晴らしいことです。ですが中には、一握りのお客様のために時間とお金がとてもかかるということはありませんか？ また、一握りのクレームをよく言ってくるお客様によって自分の心の90％が占められてしまっていませんか？

会社訪問をすると、整理整頓ができていない会社ほど、お客様の整理整頓もできていないため、いつも一部のお客様に振り回されている印象を受けます。3年に一度、使うか使わないかわからない部品を一部のお客様のために倉庫の大半を使って保管している会社もあります。

お客様も絞り込むからこそ、1人1人を大切にすることができます。自分たちは**どんなお客様とは付き合わず、どんなお客様を大切にするかを明確に**しましょう。それが社員を守り、良い会社の未来へとつながっていきます。

3 自分ができる家庭への貢献、会社への貢献を書き出そう

今の自分は決して1人で生きているわけではありません。もし、そう思えていると したら、その時点でかなり恩知らずで傲慢な自分の性格に気付けていないということ になります。

人は1人では生きていけません。親や伴侶をはじめとしてたくさんの人に心配と迷 惑をかけ、許していただきながら生きています。また仕事も1人ではできません。今 の仕事ができるのも諸先輩や同僚、部下、お客様のおかげです。

掃除道では、**まずは家庭と会社に貢献しよう**、と伝えています。身近な人への恩返 し、貢献をしていない人が行う地域貢献、社会貢献はとても薄っぺらだからです。

自分ができる家族、会社への貢献を書いてみましょう。環境をみんなが気持ち良く 感じられるようにするには何ができるでしょう？　みんながもっと笑顔になるには何 ができるでしょうか？　まずは身のまわりからです。

4 自分ができる地域への貢献は何かを書き出そう

もっとも身近な家庭への貢献、会社への貢献ができるようになったら、次に行うのが地域への貢献です。

自分たちが今いるのも地域の人に生かされているからです。**地域の人への恩返し、貢献できることを考えましょう。**

まずは自分の家、会社の前の掃除からでも良いでしょう。街がきれいになると犯罪率も減っていくということは証明されています。自分たちの行動がより良い地域社会を作り出します。

STEP

10

逆境が人と組織を強くする
困難な課題に挑戦し続けよう

株式会社F.PARADE
（掃除大賞2018 厚生労働大臣賞）

歴代の掃除大賞受賞企業に共通していることは、全社が明日も見えないほどの逆境や困難を抱えたことがあるということです。さらにはそんな困難を経験してそれを克服し、今も毎年、進化し続けているのです。

彼らは「以前はすごかった。以前は頑張っていた」ではありません。改善後も、以前は見えなかった新しい課題の克服に挑戦し続けているのです。改善後は、新たな課題の改善前です。登山に例えると、麓から見える景色と、山に登ってから見える景色は違います。山に登った人間にだけ見える新しい山が現れるのです。彼らは今日も新しい山に向けて力をみなぎらせています。

ここでは掃除大賞に毎年エントリーし、進化し続けている美容室を紹介します。全国で人材不足が叫ばれ、特にサービス産業では一昔前の慣習だとブラック企業だと叩かれてしまう時代です。そんな中、F.PARADEは美容業界で次々と革命を起こし、生産性のアップを達成し、完全週休2日制など社員満足度の高い会社を全国に先駆けて作り上げました。

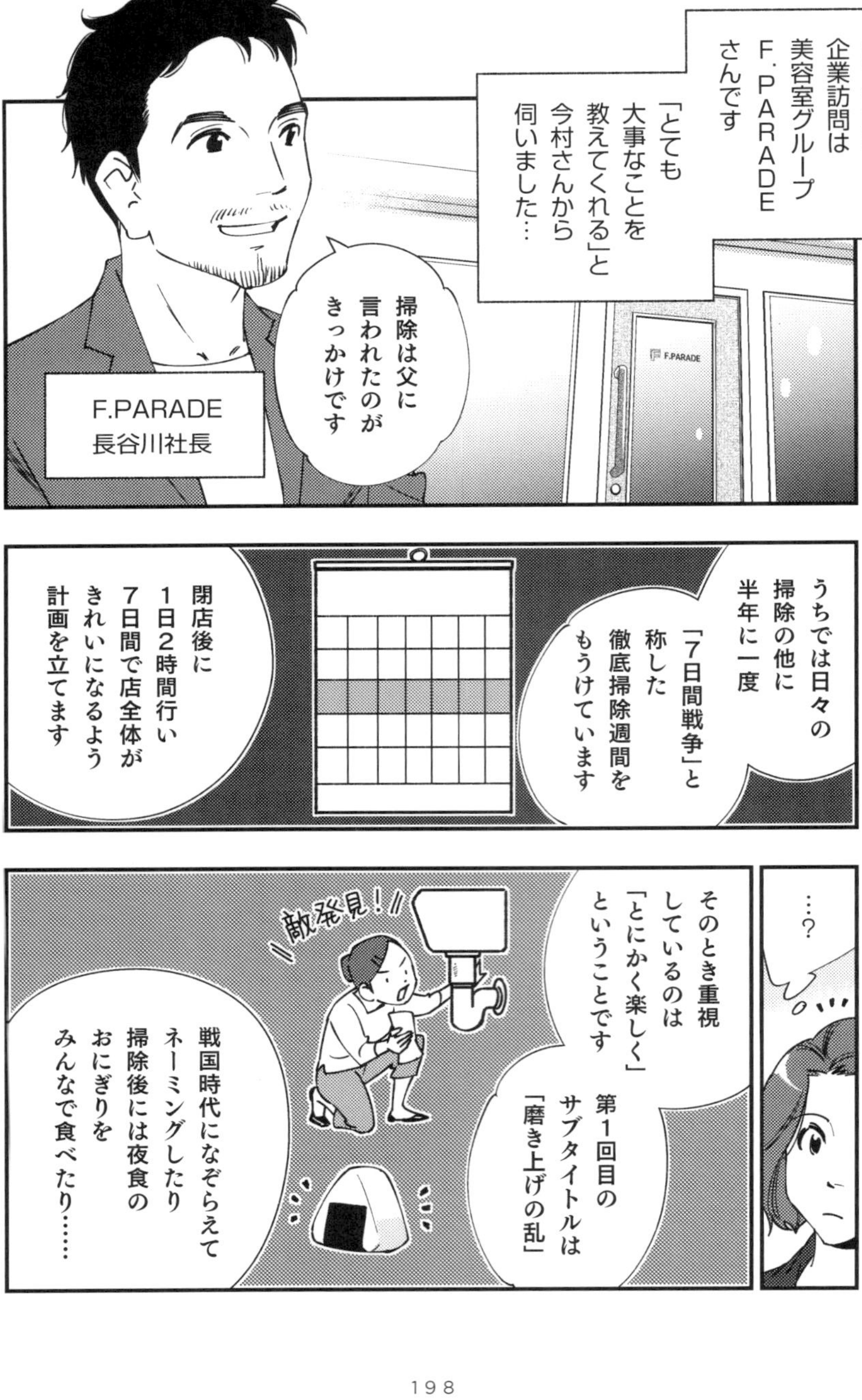

さて今回の企業訪問は美容室グループF.PARADEさんです
「とても大事なことを教えてくれる」と今村さんから伺いました…
F.PARADE
掃除は父に言われたのがきっかけです
F.PARADE 長谷川社長
うちでは日々の掃除の他に半年に一度「7日間戦争」と称した徹底掃除週間をもうけています
閉店後に1日2時間行い7日間で店全体がきれいになるよう計画を立てます
…?
そのとき重視しているのは「とにかく楽しく」ということです
第1回目のサブタイトルは「磨き上げの乱」
敵発見!
戦国時代になぞらえてネーミングしたり掃除後には夜食のおにぎりをみんなで食べたり……

とにかく楽しんで取り組めるよう工夫をしました
2日目3日目になるとモチベーションが下がるので動画撮影なども始めました
被写体になることではりあいが出るだけでなく
のちの新人研修にも使えますのでおすすめです
こうすればいいのか
そうしていくうち最初は掃除に乗り気でなかった社員も変わってきました
日を追うごとに笑顔が増え汚れを自ら発見して落とすようになったのです
もちろん楽しむといってもいい加減なわけではありません
きちんと方針書を作り掃除後の具体的なビジョンを社員全員と共有します

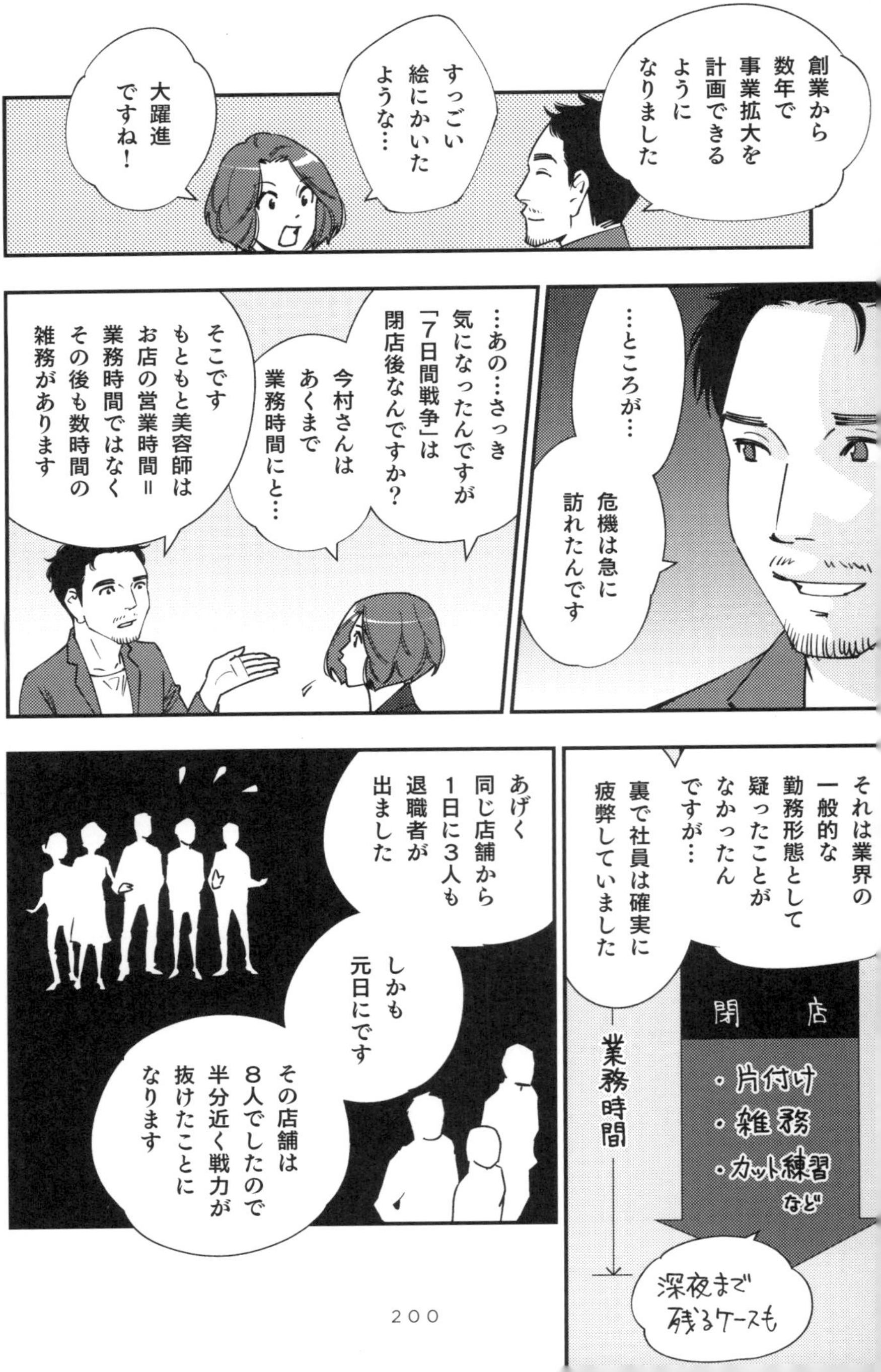
創業から数年で事業拡大を計画できるようになりました
すっごい絵にかいたような…
大躍進ですね！
…ところが…
危機は急に訪れたんです
…あの…さっき気になったんですが「7日間戦争」は閉店後なんですか？
今村さんはあくまで業務時間にと…
そこですもともと美容師はお店の営業時間＝業務時間ではなくその後も数時間の雑務があります
それは業界の一般的な勤務形態として疑ったことがなかったんですが…
裏で社員は確実に疲弊していました
閉店
業務時間
・片付け
・雑務
・カット練習
など
深夜まで残るケースも
あげく同じ店舗から1日に3人も退職者が出ました
しかも元日にです
その店舗は8人でしたので半分近く戦力が抜けたことになります

お客様はすでに多くなっていたので5人ではパンク状態
悪い空気は他店にも波及しており会社を巻き込んだ大問題に発展したのです
そこで掃除の原点に立ち返りました
「余計なものを捨てる」ということです
…でもお店はこれ以上ないくらいクリーンですよね？
はい私たちが捨てたのは
「サービス業の当たり前」です
まず美容室で当たり前とされていることを書き出しました
その数64項目です
こんな職に誰が就きたいと思うでしょうか？
いところに住んでいないとい
突きつけられる・理不尽に
・離職率が高い・上下
不規則な生活・過剰サ
ビスを強いられる
休みが合わない・ク
ームは当たり前
上司の圧力・ト
親が就かせたくない仕事・
就業時間が長い休日がないご飯も食べる時間がない…
これらを全部捨て去る決意をしたのです

元日に退職者が続出してから新年会まで10日間…
新年会までに社員全員が希望を持てるような方針を固めようと思いました
・完全週休2日制
・夏季／冬季休暇(各9日間)
・店の営業時間を週に1.5時間短縮
などなど
そして20の施策を考えました
売上などの数字を根拠に10日間で「これならいける」という形にブラッシュアップしました
えっ 一般企業でもそんな長期休暇なかなか取れないですよね!?
しかも10日間で策定は早い…!
自分が迷えば社員も迷ってしまう…
「迷い」も捨てたのです
もともと整理整頓を通じて消耗品や機器の配置は動線を考え効率化していました
カラー剤なども1本の金額を書きグラム単位でコスト感覚を共有できるようにしてあります
せち辛いようですがこれはあくまでバックヤードの話です

裏の無駄は削減し効率化の徹底をお客様へのサービスは効率無視で豊かに行う
豊かなサービスこそ何よりの営業です
美容室にいる2～3時間のあいだお客様に充実した時間を過ごしてほしい……
でもそれを実現するのは従業員です
疲れた人間に余裕ある対応はできません
勤務中こそ行動改善やコストなど常に意識してもらいますが
そのぶん勤務時間を削減し休日を増やします
世の中にはびこっている「サービス業の当たり前」をなくし魅力ある職業にしていきたい
そのために我々は進化し続けます！

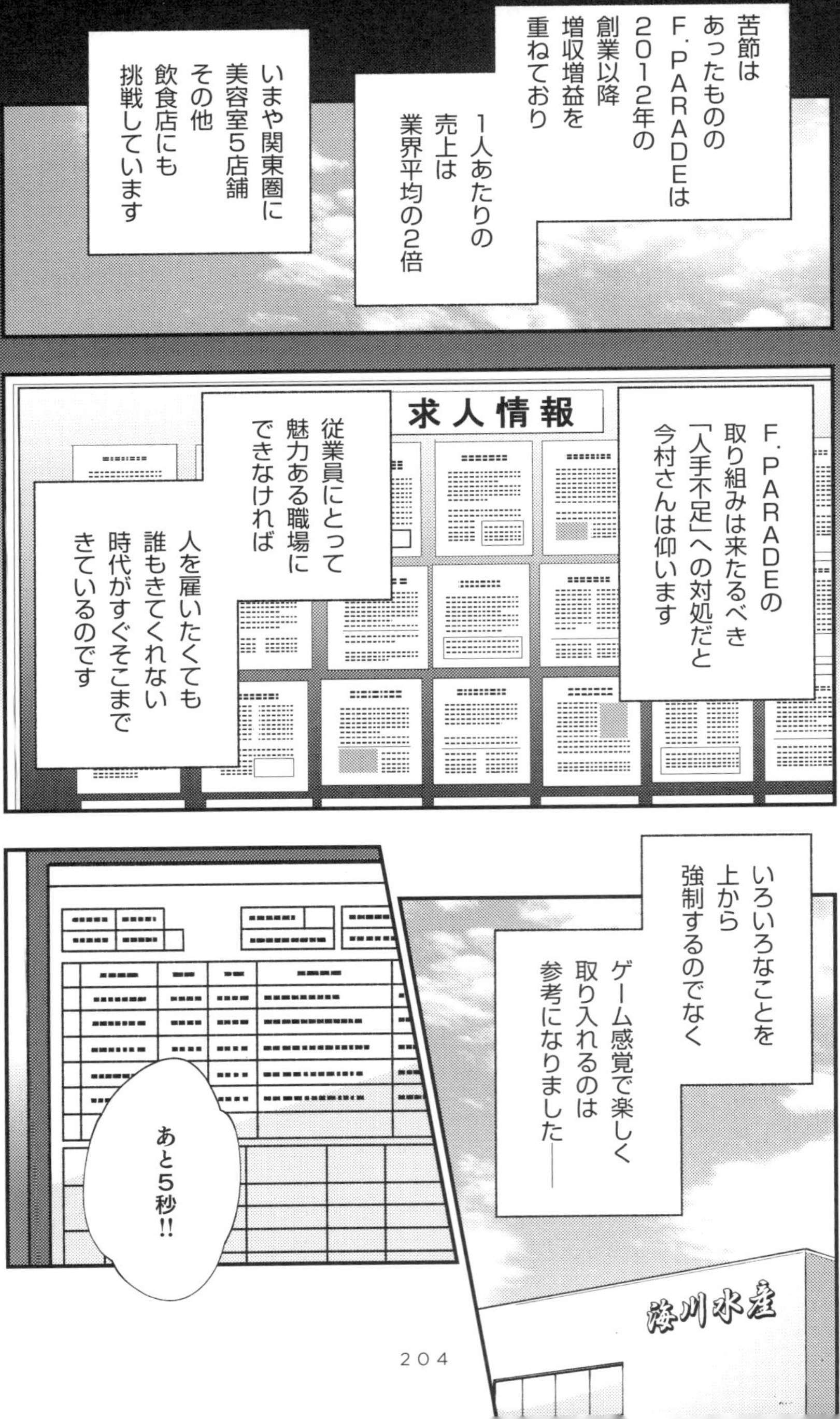
苦節はあったもののF.PARADEは2012年の創業以降増収増益を重ねており
1人あたりの売上は業界平均の2倍
いまや関東圏に美容室5店舗その他飲食店にも挑戦しています
F.PARADEの取り組みは来たるべき「人手不足」への対処だと今村さんは仰います
求人情報
従業員にとって魅力ある職場にできなければ
人を雇いたくても誰もきてくれない時代がすぐそこまできているのです
いろいろなことを上から強制するのでなく
ゲーム感覚で楽しく取り入れるのは参考になりました——
海川水産
あと5秒!!

はい終わり！どうです？
データ入力ギリギリ5件ね！
すごいじゃないですか！また記録更新ですね！
毎日やってれば絶対もっと早くなりますから
この歳でもできるかしらねえ
山田さん覚え早いですよ！うちの父より全然！
あらそうお？
真凛ちゃん私もタイムはかって！
そのうちショートカットも覚えましょう！
システム使いこなせれば絶対みなさんラクになるので！
もっとみんなが笑顔になれるように——
そう決めたあの日からいつのまにか会社が楽しくなっていたのでした
海川水産

1 表は非効率なサービスを、裏は徹底的に効率的な整理整頓を

ホテルや飲食店、テーマパークなど、いろいろな業界で「感動を呼ぶサービス」「伝説のサービス」と言われるものがあります。それらすべてに共通しているのは、**非効率なことを一生懸命お客様にしている**、ということです。だからこそ感動を呼び、伝説のサービスと呼ばれているのです。

では、誰もがその非効率なサービスを真似したらどうなるでしょうか？　普通の会社がそれを始めたら、ビジネスとして破綻してしまうでしょう。ではなぜ、その伝説のサービスをしている会社は可能なのかというと、**バックヤードや裏の事務処理などは徹底的に効率的に行っている**からです。

掃除道では**「表は非効率なサービスを、裏は徹底的に効率的な整理整頓を」**という言葉を合言葉にしています。ここでご紹介したF.PARADEもお客様と接している場以外の裏の仕組みは徹底的に合理化しています。無駄は削ぎ落としています。生

産性の高い仕組みを作り上げているからこそ、非効率なサービスをし、顧客単価が高くても喜ばれる仕事ができるのです。

2 できる人は結果を褒めろ。できない人は行動を褒めろ

よく、「人を動かすには褒めろ」とテクニックのように語る人がいます。でもそのような表面的なテクニックでは長続きはしません。やはり根底に必要なのは、**人を愛し、育てるという気持ち**です。

そして育てるときにも、大きく分けて2つの方法があります。営業成績などすでに**「結果を出す実力がある人」と「まだ結果をなかなか出せない人」で変えていく必要がある**のです。

結果を出せる実力がある人には、**結果で判断し、褒めたり叱ったりします**。月次計画を達成すればそれを褒め、数字が未達成だったらそれを叱ります。でも、まだ半人前でなかなか結果を出せない人もいます。こういった人をいきなり営業成績や生産数値など結果で叱ったりしても、なかなか育ちません。まだ何をどのようにしたら良いかわかっていないからこそ、良い結果を出せないのです。ですから「気持ちの良い挨

拶をした」「良い準備、段取りをした」「お客様に朝から電話をし、5件のアポイントを取った」「今月は20回、営業のクロージングをした」「整理整頓をして他の人が使いやすいようにした」など**行動を褒めるようにしましょう**。行動を褒められていると、その行動は次第に定着していきます。また悪い行動をしていたらその場で叱ることです。そうすると悪い行動をやめ、良い行動をするようになっていきます。

掃除についても、高いレベルでできている人にはコスト削減などの改善活動の数字を褒めたり、掃除することによって実際に何か変化したときの数字を褒めることも良いでしょう。でも、まだ始めたばかりの人は、**まずは掃除の活動をしていることを褒めるところから**で良いでしょう。

3 逆境が人と組織を強くする。逆境は選ばれた人だけが手にするチャンス

掃除道の実践をしている人たちを見て、確信に似たものがあります。それは**「逆境が人と組織を強くする」**ということです。

もうどうにもならない、どうしたら良いのかわからない、もうお手上げだ、というくらい絶望に近い状態に陥った人たちがそれでも最後の0・1の勇気と行動力を持っ

て諦めずにいると、そこから知恵が生まれてきます。そして、深い深い信念となってその本人と組織に刻み込まれます。生涯、忘れることができないレベルで深く刻み込まれるため、そこから企業は大きく飛躍していきます。

この本で取り上げた会社はどこも大変な時期があったからこそ、今、優良企業になって繁栄しています。そう思うと**逆境は選ばれた人にだけ贈られるギフト**なのです。逆境や困難に直面しても決して諦めないことです。そのときの経験が必ず将来、活かされます。

4 今年の進化はなんですか？

掃除道で大切なのは**「今ここ」**です。ときどき、掃除大賞のエントリーで「その話は去年も一昨年も聞いたな」という人がエントリーしてくることがあります。そのような発表を見ると「今年は新しいことに挑戦していなかったのかな」と思わざるを得ません。

1年に1回、決算期や年末年始、または掃除大賞などを活用し、**「今年、自分たちはどんな進化をしたかな」と自問自答**してみてください。きっとたくさんの進化があることでしょう。進化に気付くと自信になります。STEP4でご説明した通り、整理整頓は「もの↓時間↓人↓事業」へと進化していきます。今、自分がどの段階にいるのかを考えてみるのもいいでしょう。もし今年の進化が少なくても、**しっかりと進化を見える化すること**によって来年頑張る原動力になります。**今年の実践や進化を書き出す**ということが大切です。

5 残業はしない、させないと決意する

今、全国の企業では人手不足になっています。採用活動も大変になってきました。企業は人の集まりです。良い人材がきてくれてこそ、良い会社が作れます。良い人材がきてくれるようにするためには、**「夢ややりがいの持てる仕事を作ること」**と**「労働条件を良くすること」**の両面が大切です。

残念なことに、ブラック企業であることを夢ややりがいでごまかしているような会社も見受けられます。この本を手にするような読者の会社は、きっと夢ややりがいを大切にしている会社だろうと思います。だからこそ**「残業はしない、させない」という決意**をしてください。「そんなのは無理だ」という声が全国から聞こえてくるのも

わかります。でも考えるのです。そうしないともう選んでもらえない時代になりつつあるのです。良い人が採用できず、いずれ会社が潰れていくのです。

私自身も昔、経営していた会社では夜中の12時まで働くことは当たり前でした。残業なしで成り立つ業種ではないと心底思っていました。多分、全国の同業者がそう思っていたことだと思います。でも、業界全体が人を採用できない時代になっていきました。今となっては、あの時代に無理と思っていた「残業ゼロ」が当たり前のように行われています。**「無理」ではないのです。無理だと思い込んで、思考停止しているのです。**きっと方法はあります。

残業をしないで経営が成り立つようにするにはどうしたら良いのだろう、と考えると、商品、サービスの見直しから、作業の見直しまで、やらないといけないことがたくさん出てくるでしょう。しかし、こういうことを**いつも考え、改善をしてこそ、時代の変化についていける会社に自らも変化し、生き残っていける**のです。

1 「7日間戦争」を行おう

掃除道「7日間戦争」とは、店長の交代や業績が落ち込んだときに行う**「7日間の大掃除」**です。毎日2時間、徹底的に「赤札作戦」、「形跡管理（ものの形を描くなどして、そこに片付ける方法）」、「3定管理」、「キープシャイニング」に取り組みます。近隣店舗から応援を呼んでも良いでしょう。1週間で見違えるように変わり、スタッフたちは「今度の店長はすごい。有言実行の人だ。会社が変わるかもしれない」と思い始めます。7日間で**一気に、ビフォーアフターではっきりと差がつくまでやる**のがコツです。

2 褒める行動、叱る行動を明確にしよう

社員がどういう行動をしたときに褒めますか？　明るい挨拶、テキパキと電話に出る、日報を提出する、テーブルを拭く、営業車を洗う、玄関マットを洗う、他人に声

掛けをする、本を読む、勉強する……**身に付いてほしい行動を書き出しましょう。**その行動をしたら褒め、していなかったらしっかりとアドバイスすることが大切です。

3 褒める結果、叱る結果を明確にしよう

売上数値、コスト削減数値、時間短縮数値、クロージングをした回数、成約件数、不良品率、テストの点数……能力がある人材は結果を褒めたり叱ったりします。**自分自身や社員に対して、どんな結果を重要視しますか？** 明確にしておきましょう。

4 「クロイチ選手権」を行おう

「クロイチ選手権」とは、**「1枚のウェットティッシュを3分間で一番真っ黒にした人が勝ち」**という取り組みです。みんなでやってみるとゲームのように楽しく取り組めて、時計の裏側など、普段の掃除で見えなかった汚いところに気付くこともできます。1位の人に賞品を用意するのもいいでしょう。少ない時間、簡単な道具でも掃除はできることを感じ、汚れたらすぐ掃除する習慣を身に付けることにもつながります。

STEP

11

会社、人生を長期繁栄に導く人間学を学ぼう

株式会社名晃
（掃除大賞２０１８　文部科学大臣賞）

一瞬の社会的成功を手にするのは簡単です。偶然、時流に乗っただけでも金、地位、名声は手に入ることがあります。しかし、一瞬で手に入れたものは失われるのも早く、多くの会社が分裂したり、崩壊したり、衰退していきます。

そこで進化をし続ける長寿企業、繁栄企業には、社会的成功を追い求めるだけでなく、「本気」「感謝」「謙虚」「努力」「誠実」「素直」などの地に足のついた人間学を大切にする企業文化があります。どんな会社にも必ずピンチが訪れます。しかも、ピンチは1つではやってきません。複数が同時にやってくるからピンチになるのです。そんなときに会社を守ってくれるのが人間学を大切にする企業文化です。

人間学には時間がかかります。一朝一夕で手に入るものではありません。この人間学を体得するために、みなさんにおすすめするのが掃除道です。たくさんの師、仲間が、奢り傲慢になっているときには厳しく、傷つき絶望しかけているときにはあたたかく、みなさんの心に語りかけてくれることでしょう。掃除道はみなさんの会社、みなさんの人生を長期繁栄に導いてくれるのです。

転職を繰り返してきたような子たちが多くて
社内でもすぐケンカになるんです
「おまえが盗んだんだろー!」って

いつもブログ拝見しています
遅ればせながら弊社でも掃除を始めました
まずは整理整頓です 先は長いですが 必ずやりとげます
なぜなら俺がイライラするから!!
なしとげる
今日はここまででーす
ピロリ
ワイワイ
メッセージが1件届いています
海川水産 掃除ブログさんから
はじめまして!
おつかれさまです いつもコメントありがとうございます!
掃除を始められたんですね! 取り組みにあたって今村さんはモデル企業の訪問をすすめられています
私のブログもその一環なんですが… 次回で最後です
「よろしければ一緒に行きませんか」……!?

岐阜県大垣市の名晃さんは廃棄物の収集運搬処分業をなさっています
来てくれたんですか!!
産業廃棄物から一般の廃棄物まで収集して処理場へ運ぶ中間業者です
はじめまして渋谷です
コメントの印象通りこわい顔だ…
株式会社名晃
さっそく伺いましょう!
昔はものがよくなくなる会社でね
株式会社 名晃
峠社長
…というと?
整理整頓を取り入れる前だったので散らかっていて

転職を繰り返してきたような子たちが多くて
社内でもすぐケンカになるんです
「おまえが盗んだんだろ!」って
それで整理整頓を？
そうですね 5Sという考えがあります
・整理
・整頓
・清掃
・清潔
・しつけ
製造業やサービス業の環境維持改善で言われるスローガンです
しばらくはうまくいっていたんですがどうも停滞が訪れまして…
そんなとき今村さんにお会いしました

様々なお話を伺った結果「無上位」に取り組んでみようと
無上位というのは掃除のイメージを膨らませてくれます
どんなときでも「もっといい方法は？」「もっとお客様を喜ばせるには？」「もっと従業員が働きやすくなるには？」
そんなことを考えるようになっていきました
お客様
方法
従業員
「もっと」
社員たちも以前は「定位置に戻せ！」と注意しあっていましたが
あるときから「こう置いたらみんなが使いやすいんじゃないか？」という考え方に変わってきました
前者と後者の違いはなんですか？やることとしては一緒だと思うんですが…

「他者の存在」です
当時うちにくる子はみんな自信がなかった
言いかえれば人に認められてこなかった
この子ら自身のために自信や達成感を持ってほしかったんです
「こんな社員がうちにも欲しい」と言われる子に育てたかったんです
「きれいにする」という行動は同じでも
それを何のためにやるのか？
ただの命令ではそのことが伝わっていなかったのでしょう

「他人のためにきれいにする」
これができれば感謝されるようになります
感謝されれば自信になります
自信がつき認め合えれば団結力が出てきます
誰か困っていたら手を貸そうという組織になります
会社の掃除は「利他」の心を教えてくれます
自分たちの整理整頓に始まりお客様である会社のゴミ捨て場を清掃もしています
喜ばれるのと同時に先方の意識も高まりゴミを仕分けしてくれるようにもなりました
うちの労力が格段に減ったのです

社員も誇りを持ち表情が明るくなりました
今後様々な困難に直面しても人間力を武器に乗り越えていこうと思います
たしかにコンテナまできれいでしたね～
うちもいらないもの捨て始めたからお世話になる業種ですね
勉強になりました
渋谷さぁん
そうか今ちょうど帰りか
会社の人ですか？すごい偶然！
1日休んですまなかった
あっ この方が例の掃除のブログの…？

掃除始めて良かったです
今まで渋谷さんこわくて話しかけづらかったけど
1人で窓拭いてるの見て…そんな人じゃないんだなって
仕事のことも聞きやすくなりました
それは良かった!
…そんなにこわかったか?
ズバリ
こわいですよ!
でも僕たちのことを考えてくれてると感じるので
仕事しやすくなりました
せっかくだしみんなでご飯でも食べましょうよ!
わぁ嬉しいです!
…しょうがないな…

1 社会的成功と人間的成功

成功には、**社会的成功と人間的成功の2種類**あります。社会的成功とは、売上を増やす、利益を増やす、株式を上場させる、名声を上げる、地位を上げるなどです。対して人間的成功とは、感謝、素直、謙虚、努力など、道徳的な人間を目指す姿勢です。

「掃除道をやれば儲かると聞いた」「掃除道をやれば社員がよく働くようになるらしい」などと、社会的な評価を上げたくて掃除道に取り組み始める人もいます。これはなんら否定するものでもなく、実際に整理整頓をすると生産性も業績も上がっていくのだから間違ってはいません。ただし、掃除道の本当のすごさは、**継続していくと社会的成功だけではなく、人間的成功も大切にする社風ができていく**ところなのです。

社会的成功を目指す社風だけで繁栄した長寿企業の例はありません。どんな会社にもピンチの時代は必ずきます。どこかのタイミングで**社会的成功から人間的成功に重きを置いた会社がピンチを乗り越え、長寿企業になってきた**のです。

2 掃除道はつながりを深くする

掃除大賞2018ではテーマが「つながり」だったようです。掃除大賞に選ばれたF．PARADEは掃除道で社員同士がつながり、お客様とつながろうとしました。ピリカは世界の人たちと掃除を通してつながりました。名晃は地域社会とつながりました。ケーブルテレビという会社はリーダーと社員がつながりました。掃除道は決して1人で完結するものではありません。**自分の周囲とつながりが深くなっていくものなのです。**そしてその**つながりこそが、自分を守ってくれるものになり、挑戦する原動力になっていく**のです。

3 愛情は理解と応援から

掃除道では、**愛情は理解と応援の両方が揃っていてこそ愛情である**と考えています。他人を理解することなく応援しても、それは相手にとって辛いだけのこともあります。反対に理解されても応援してくれないと、愛されていると感じられません。

掃除道では日々「どうやったらあの人がもっと使いやすくなるかな」「あの人が不便に感じている部分はないかな」「あの人にもっと活躍してもらえる方法はないかな」と考えながら掃除をします。**単にきれいにするテクニックが掃除道ではなく、利他の気持ちを養い、愛情を深めていくのが掃除道**なのです。

4 良い場作りの3つの要件

掃除道では**良い場作り**を目指します。良い場というのは3つの要件から成り立ちます。**物理的要素、人的要素、コミュニケーション的要素**です。物理的に心地良い空間を作り出し、良い人と、良いコミュニケーションが取れてこそ、良い場が作られます。

5 大切と粗末の法則

掃除道では**「大切と粗末の法則」**というものがあります。**大切にしているものは増え、粗末にしているものは失う**という法則です。例えば、お金を大切にすればお金は増え、粗末にすればお金は減っていきます。家族を大切にすれば家族は繁栄し、粗末にすれば家族を失います。社員を大切にすれば社員は増え、粗末にすれば社員を失います。お客様を大切にすればお客様は増え、粗末にすればお客様を失います。チャンスを大切にすればチャンスは増え、粗末にすればチャンスを失います。**日々の掃除を通して、もの、資産、家族、社員、お客様、時間を大切にしましょう。**毎日15分の掃除道のトレーニングで「大切と粗末の法則」があなたの人生に役立つことでしょう。

6 半径1メートルの法則

まずは遠くのことは考えなくても結構です。**自分の身のまわりのことを考えましょう。**身のまわりをきれいにし、居心地を良くすることです。目の前の人の笑顔を引き出しましょう。遠くの人のことより、まずは身近な目の前の人を笑顔にすることです。あなたのまわりが笑顔に溢れているとき、あなたも笑顔になれることでしょう。

掃除道では**「今ここ」**を大切にします。「いつか」「あのとき」という未来や過去ではなく今です。そして遠くではなく「ここ」を最高の場にしようと実践していきます。大切にしている人が苦しんでいるのなら近寄りましょう。会いに行きましょう。**半径1メートルを大切にできる人こそが、広い世界も大切にできる人**になります。

掃除道の実践編

1　利他の掃除をしよう

自分以外の誰かを笑顔にするためにできる掃除は何かを考え、実践してみましょう。
あなたは、いつ、誰のために、どこを、どんなふうに掃除しますか？

2　つながる掃除をしてみよう

掃除に取り組むときに1人でだけではなく、誰かと一緒に取り組むことも体験してみましょう。家族と一緒に窓拭きをする。社員と一緒に工場の赤札作戦をする。友達と街の掃除のボランティアをする。不思議なことに、**掃除を一緒にするという体験は関係性を深めます。**

あなたは、いつ、誰と、どこを、どのように、掃除してみますか？　決めて、実践してみてください。驚くほど、貴重な体験をするでしょう。

その後
うちの会社も
見学者が増えました
若い人が集まり始め
商品の注文も伸びています
みなさん
掃除大賞に
お越しいただき
ありがとう
ございます
東京
日本橋公会堂
あっ
今村さん
しっ
掃除というのは
それで勝ち負けを
争うものでは
ありません
受賞する方々は
もちろん素晴らしい
取り組みを
なさっていますが
継続して
取り組んでいただく
ための節目として
1年に1回
授賞式を
行っております

「掃除」とは何か？個人個人がベストのパフォーマンスを発揮するための手段です
集中できる環境心地良い空間を自分たちで作りあげ維持できる習慣作り…それが私の言う「掃除」です
その結果収益性や組織力が上がるのです
迷ったときにはここにいるみなさんを思い出してください
困難を乗り越える仲間ともいうべき人がこんなにもいます

タイマーをセットしたら掃除している間だけはぜひ掃除に集中してみてください
未来も過去も悩みも不安もすべて忘れて「今ここ」を生きる…
掃除によるマインドフルネスの効果を実感してください
しかも掃除は目に見えて結果が出ます
すると楽しくなってきます
掃除は強制されて苦々しくやるものではなく楽しんでできるものです
そのことをリーダーのみなさんはぜひ理解し
自ら実践することで伝えてあげてください

あ…あの今村さん!?
わいわい
あぁ海川水産の…!?
ようやく会えましたね!
エントリーに挑戦したんですけどさすがに受賞はならず…
でも また様々な取り組みが拝見できて良かったです!
これからこれから!
そうやってまず取り組んでみる姿勢が第1歩ですよ
あの…今さらですがありがとうございました!
ほんとに…1人でどうしようってずっと悩んでたんです
でも今は1人じゃないって実感できます

みんなで
頑張っていけば
いいんだって
思えるように
なりました！
勢いで
始めたので
やり方を
見直しつつ
これからも
腰を据えて
取り組んで
いきます
…海川水産さんも
そのうち
物理的な掃除に
とどまらず
掃除を通して
業務や財務の
選択集中が
見えてくると
思いますよ
掃除の効果は
とてもたくさんありますが
体験しないことには
なかなか伝わりません

まずは10秒だけでも始めてみること…
楽しんでやっていきましょう!
はい!!
勉強も挑戦もまだまだ続きます!
私たちと一緒に「掃除改革」あなたも始めてみませんか?

環境は未来を表している

私は全国の会社を日々、訪問しながら感じていることがあります。それは、「汚くて良い会社はひとつもない」ということです。

会社が汚いということは、働く人たちの悪い習慣が表れています。

会社がきれいということは、働く人たちの良い習慣が表れています。

環境は習慣の通信簿です。良い環境は良い習慣を表し、悪い環境は悪い習慣を表します。環境は今の社風を表し、会社の未来を表しているのです。


今日、1つきれいになれば、1つ明るい未来へとつながっていきます。

今日、1つ汚せば、1つ暗い未来へとつながっていきます。


本書で紹介している人や会社のストーリーを見て、自分にはできない、と思う人もいるかもしれません。自分には自信がない、と思うかもしれません。

けれど、紹介したすべての人々も会社も、最初からうまくいったわけではありません。たくさんの失敗をして今があります。ピンチ、逆境で、もう諦めた方がいいところまで追い込まれた会社ばかりです。それでも、諦めませんでした。

1つ片付け、1つ掃除をし続けることで、どんなときでも必ず問題解決に近付いていきます。明るい未来へつながっていきます。

そして、掃除道を続けていった人は、他者に原因を求めることをやめ、「うまくいかないのは100%自分が原因。うまくいったときはみんなのおかげ」と思うようになっていきます。

まずは自分から変わることが大切です。

自分が変われば、必ずまわりも変わっていきます。

今日の1歩が未来の大きな変化に繋がる

本書を読んでくださったみなさんに、1つお願いがあります。どんなに小さなことでもいいので、今日から掃除を始めてみてほしいのです。

1つゴミを捨てるだけでも構いません。
机を拭くだけでも構いません。
1分でも、10秒でも構いません。

何か1つでも、少しずつでも、10秒でも、今日から始めることが何より大切です。1日たった10秒でも1年続け、10年続けたら、とても大きな変化になります。ほんの少しの1歩が、大きな未来の変化につながっているのです。

いきなり大きな1歩を踏み出したり、会社全体を変えるのは難しいことです。「大きく「変」えようとしたら、「大変」なのです。

だから、小さくて良いのです。続けることが大切です。小さくても続けていると、大きく変わっていきます。

頭で考えたら「もう無理」「どこから手をつけよう」と迷い、悩んでしまうこともあるでしょう。そんなときはまず手、足、口を動かしてみてください。悩みを克服する一番の方法は行動することです。手、足、口を動かすことで、必ず状況は好転していきます。

仲間とともに
楽しみながら掃除道に取り組もう

掃除道に取り組むのは、1人では大変なときもあるでしょう。ぜひ、一緒に実践する仲間とともに、楽しみながら取り組んでいただきたいと思っています。

もし、つまずいたり、行き詰まってしまったら、本書の主人公のように掃除を実践している人に会いに行くのもいいでしょう。日本そうじ協会のセミナーや講座に参加するのもいいでしょう。多くの仲間と出会えるはずです。

掃除大賞にも、ぜひ足を運んでみてください。

そして、掃除道に終わりはありません。どこまでも、さらなる成長を目指して取り組んでいっていただきたいと思います。

掃除道がもっと広がり、多くの人の笑顔につながることを祈っています。

2019年5月　日本そうじ協会理事長　今村暁

【 誰でも掃除習慣を身に付けられる「100日サポートメール（動画講義もあり）」を
無料配信中！ 詳細は、日本そうじ協会のHPにアクセスしてご確認ください。
https://www.soujikyoukai.jp/ 】

今村暁 Satoru Imamura

一般財団法人 日本そうじ協会 理事長／掃除大賞2014-2018実行委員長／「掃除道」「習慣教育」の創始者
【3つのマネジメント＝良い場×良い流れ×テンションのマネジメント】

【人生＝感性×理性×知識×行動】

【習慣道＝早起き×掃除×内観×十の誓い】

上記の3つをモットーとし、「感性教育」「習慣教育」「3つのマネジメント」を通して、個人と組織を活性化させる研究と実践を続ける。指導先には上場企業経営者、スポーツのチャンピオンなど多数。また、指導した受験生からは全国模試で日本一を8人輩出。1000軒以上のゴミ屋敷、汚部屋の掃除のサポートをした体験から掃除の技術、思想を体系化する。中小零細企業、一部上場企業、銀行まで、掃除道を導入した会社は軒並み業績アップをし、NHKでは「掃除の匠」と紹介され反響を呼ぶ。また、自らの理論を机上の空論にしないため、「習慣教育」「掃除道」のノウハウを使い、大病を克服し、3つの会社経営をしながら、世界でもっとも過酷なレースの1つといわれるサハラ砂漠マラソン250km、アタカマ砂漠マラソン250kmを完走。著書は日本、韓国、台湾、タイ、中国で30万部を超えるベストセラーになり、NHK、日経新聞をはじめとするメディアで特集される。『10秒朝そうじの習慣』『そうじ習慣手帳』（ともに小社）、『人が育って儲かる環境整備』（日本経営合理化協会出版局）他著書多数。

取材、講演依頼、コンサルティング、セミナー等のお問い合わせはこちら
日本そうじ協会 https://www.soujikyoukai.jp/

STAFF	マンガ	円茂竹縄
	編集協力	MICHE Company LLC
	ブックデザイン	小口翔平＋山之口正和＋永井里実（tobufune）
	校正	東京出版サービスセンター
	編集	森 摩耶（ワニブックス）＋

仕事の効率が上がる！ 会社の業績が上がる！
マンガでわかる すごい掃除

今村暁 著

2019年6月14日 初版発行

発行者	横内正昭
編集人	青柳有紀
発行所	株式会社ワニブックス
	〒150-8482 東京都渋谷区恵比寿4-4-9 えびす大黒ビル
	電話 03-5449-2711（代表） 03-5449-2716（編集部）
	ワニブックスHP http://www.wani.co.jp/
	WANI BOOKOUT http://www.wanibookout.com/

印刷所	大日本印刷株式会社
DTP	三協美術
製本所	ナショナル製本

ISBN978-4-8470-9810-9